LIBER AL

Die Armanische Antwort von Brajanne

DO WHAT THOU WILT
SHALL BE THE WHOLE OF THE LAW

© 1. Auflage, für die deutsche Ausgabe Copyright 2001 by Bohmeier Verlag, Germany-23564 Lübeck, Hüxtertorallee 37, Tel.: +49 (0) 451-74993 - Fax: +49 (0) 451-74996, Internet-Homepage: www.magick-pur.de

© Das Bild im Inneren „Nuit und Hoor-Paar-Kraat (Frau mit Kind)" ist von Brajanne, Covergesamtkonzeption und Ausführung von Joe A. Davis

Herstellung: Books on Demand GmbH

Alle Rechte, insbesondere die der Übersetzung in fremde Sprachen, vorbehalten. Kein Teil des Buches darf ohne schriftliche Genehmigung des Verlages fotokopiert oder in irgendeiner anderen Form reproduziert oder in eine von Maschinen verwendbare Sprache übertragen oder übersetzt werden. Ausgenommen sind die in §§ 53, 54 URG ausdrücklich genannten Sonderfälle, wenn sie mit dem Verlag vorher vereinbart wurden. Im Einzelfall bleibt für die Nutzung fremden geistigen Eigentums die Forderung einer Gebühr vorbehalten. Das gilt für die Fotokopie ebenso wie für die Vervielfältigung durch alle anderen Verfahren einschließlich Speicherung und jede Übertragung auf Papier, Transparente, Matrizen, Filme, Bänder, Platten, CDs und sonstige Medien.

ISBN 3-89094-324-1

LIBER AL

Die Armanische Antwort von Brajanne

DO WHAT THOU WILT
SHALL BE THE WHOLE OF THE LAW

INHALTSVERZEICHNIS

PROLOG 9
   Vorwort 9
   Einleitung 10
   Der Vogelmann, das *Liber AL* und ich 12

KAPITEL I: Tafel der Korrespondenzen 17
   Vorbemerkung zur Tafel der Korrespondenzen 17
   Tafel der Korrespondenzen 19

KAPITEL II: Das *Liber AL* und das Armanische Runen-System 27
   Entdeckungen 27
   Das Armanische Runen-System 28
   Horus und Deutschland 28
   Das Äon von Horus und die SIG-Rune 29

KAPITEL III: NUIT 33
   Nuit ist eine Kombination aus fünf Runen 33
   Die vierte Rune 33
   Numerologie 33
   Nuit und die OS-Rune 34
   Nuit und die OTHIL-Rune: 34
   Nuit = OS und OTHIL 34
   NUIT und die achte Rune: NOT Die Namensähnlichkeit
   von Nuit mit NOT (oder NAUT) 35
   Nuit und die AR-Rune 36
   Numerologie 36
   AR 36
   Nuit und die UR-Rune 36
   Die BAR-Rune und Thelema 37
   Bedeutung der Rune 37

KAPITEL IV: HADIT 39
   Wie Nuit ist auch Hadit eine Kombination aus fünf Runen: 39
   Hadit und die UR-Rune 39
   UR 39
   Hadit und die RIT-Rune 40
   Numerologie 40
   RIT 40
   Persönliche Erfahrungen mit die RIT-Rune: 40

- Ha und die EH-Rune 41
- Numerologie 41
- EH 41
- Hadit und die NOT-Rune 41
- Hadit 42

KAPITEL V: NUIT und HADIT **43**
- Die IS-Rune und die Konjunktion von NUIT und HADIT 43
- „My word is fifty and six" 43
- Die Vereinigung von KA 44
- Der Empfang des *Liber AL* 45

KAPITEL VI: HOOR-PAAR-KRAAT **47**
- HOOR-PAAR-KRAAT besteht aus zwei Runen: 47
- UR und HOOR-PAAR-KRAAT 47
- LAF und HOOR-PAAR-KRAAT 49

KAPITEL VII: RA-HOOR-KHU(I)T **51**
- Ra-Hoor-Khu(i)t besteht aus zwei Runen 51
- RA-HOOR-KHU(I)T und die NOT-Rune 51
- YR oder EIHWAS (= Aiwass) 52
- RA-HOOR-KHUIT – in verschiedene Runen aufgeteilt 52
- RA: 15 = MAN 52
- HOOR: 20/2 = UR 52
- KHU(I)T: 36/9 = IS 53
- HERU-RA-HA – in verschiedene Runen aufgeteilt 54
- HERU: 31/4 = OS/OTHIL 54
- RA: 15 = MAN 54
- HA: 17 = EH 54

KAPITEL VIII: NUIT HADIT HORUS **55**

KAPITEL IX: SIRIUS, DER HUNDSSTERN **57**
- Numerologie 57
- Astrologie und Mythologie 57
- Horus, historisch 59

KAPITEL X: Die KA-Rune und das Kind des Propheten **61**
- Referenzen 61
- Die KA-Rune 62
- Symbole für die KA-Rune 62
- Bedeutung 62
- Die KA-Rune und das *Liber AL* 63
- 666 63
- Zwei KAs, sich gegenüber stehend, formen ein neues Symbol. 63
- AL 67
- ABRAHADABRA 67
- Magic + K 68
- Das Ka im alten Ägypten 68
- Khu 68

Khabs	68

KAPITEL XI: Die Geheimnisse von ANKH-AF-NA-KHONSU ... 69
- Ankh-af-na-Khonsu ... 69
- 418 ... 70
- Der Phallus ... 72
- 718 ... 73

KAPITEL XII: AL ... 75
- AL ... 75
- AL und die GIBOR-Rune ... 75

KAPITEL XIII: BABALON & DAS BIEST ... 77
- Babalon & Das Biest ... 77
- IS ... 78

KAPITEL XIV: AIWASS, ABGESANDTER VON HOOR-PAAR-KRAAT ... 79
- Aiwass ... 79
- Aiwass und die AR-Rune ... 79
- Aiwass und die NOT- oder NAUT-Rune ... 80
- Tahuti oder Thoth ... 80
- MAAT ... 81

KAPITEL XV: TYR, DER AUFERSTANDENE GOTT ... 83
- Das Suffix TI oder TYR ... 83
- Aleister Crowley ... 83
- Nuit ... 84
- NU – IT ... 84
- Hadit ... 85
- Ra-Hoor-Khuit ... 86
- Tahuti oder Thoth ... 86
- Thelema ... 86
- Sirius, der Hundsstern ... 87
- Die Zahl der Verse des *Liber AL* ... 87

DER ADLER-MANN LÜFTET DAS GEHEIMNIS VON AL, II, 76 ... 89
DANKSAGUNGEN ... 93
BIBLIOGRAFIE ... 94

PROLOG

Vorwort

April 1997 e.V.

Brajanne und ich feierten unseren Geburtstag und zur gleichen Zeit auch den Tag, an dem wir uns, vor 13 Jahren, kennenlernten. Der April ist stets 'unser Monat' gewesen, aber dieser sollte ein ganz außergewöhnlicher werden.

Der Komet Hale-Bopp glitzerte am Abendhimmel, und während wir seinem mysteriösen Glanz nachstarrten, besprachen wir die neue Interpretation des *Liber AL*, an der Brajanne arbeitete.

93 (!) Jahre waren vergangen, seit Aleister Crowley das Diktat des *Liber AL vel Legis* mit der Hilfe seiner Frau Rose Kelly empfangen hatte. Einige Tage vorher, am 8., 9. und 10. April, (an diesen drei Tagen wurde das Buch empfangen) sahen wir drei Habicht ähnliche Raubvögel hoch in die Luft über unserem Zuhause kreisen. Sie hatten sich niemals zuvor gezeigt, und sie haben sich danach auch nie wieder sehen lassen.

Magier glauben nicht an Zufälle, und dieses Ereignis war erst recht keiner. Auf irgend eine Weise wird sich dies bestätigen, und ich hoffe, daß diese Manifestationen zur Realisation der 'Großen Arbeit' (Great Work) jeder meiner Brüder und Schwestern beitragen können.

Bleibt mir nur, meine Bewunderung für Brajanne und ihre brillanten Ideen, ihre erleuchtenden Einsichten, ihren Willen und ihre Liebe auszudrücken, die diese Arbeit möglich machten.

A. Roland B.

EINLEITUNG

Im April 1984, einige Wochen nach meinen 23. Geburtstag, begegnete ich meinem Freund Roland. Es war Liebe auf den ersten Blick, und dieses überwältigende Gefühl ist nie mehr vorbeigegangen. Das erste Mal in meinem Leben fühlte ich mich richtig zu Hause. Endlich begegnete ich jemandem, der mit mir verbunden war, obwohl ich ihn nur wenige Minuten kannte.

Er zeigte mir seine selbst gefertigten Liber-Oz-Poster an der Wand seines Studierzimmers. Das war der zweite Blitz-Einschlag für mich in nur wenigen Wochen. Ich starrte total perplex auf die Poster. Ich sah hier auf Papier meine Vergangenheit, Gegenwart und Zukunft, alles, wonach ich gestrebt und wofür ich bisher gekämpft hatte. Ich war nicht mehr allein, da waren anderen Menschen wie ich. Das fühlte sich richtig gut an.

Schon als kleines Kind hatte ich für meine Freiheit gestritten, ich fühlte, daß es mein Recht war, mir diese Freiheit zu nehmen, und war überrascht, daß die anderen das nicht taten. Für mich war das eine ganz natürliche Sache, die Freiheit war meines höchstes Gut, und ich war bereit, dafür zu kämpfen, sogar als kleines Kind. Bis zu meinem 23. Geburtstag befand ich mich in einem andauernden Gefecht mit meiner Umgebung, die mich gar nicht verstand. Ich hatte wirklich alles probiert, um ihr deutlich zu machen, daß es mein Recht ist, so zu sein, wie ich bin, daß ich mein eigenes Leben führen wollte, meinen eigenen Weg gehen, ohne ihre Einmischung. In meinem Innersten bin ich eigentlich keine Kämpfer-Natur, aber hier mußte ich einen harten Kampf führen, um mir die Klauen der Menge fern zu halten.

Dann kam das *Liber AL*. Es übte eine fremde Anziehungskraft auf mich aus. Es war, als ob dieses Buch etwas von mir selbst enthielt, auch wenn ich nicht genau wußte, was das sein könnte. Es fühlte sich so vertraut an, obschon ich den Inhalt ganz und gar nicht begreifen konnte.

In den folgenden Jahren führte mich Roland in die Welt von Aleister Crowley ein, in Magick und Mystik. Und so erfuhr ich alles über INNERE und ÄUSSERE FREIHEIT.

Der erste tiefe Kontakt zwischen Aleister Crowley und mir stellte sich ein, während ich einige Porträts von ihm malte. Wochenlang starrte ich sein Gesicht an. Ich versuchte, sein Wesen zu erfassen, so daß ich ihn so malen könnte, wie er wirklich war. Die meisten Begegnungen mit ihm waren ohne Worte. Er zeigte mir Gesten und Haltungen, die ich einnehmen sollte und die gut für mich waren. Er ermutigte mich, durchzuhalten, auf eine väterliche Weise, aber niemals drängend.

Zur gleichen Zeit forderte mich ein humanoider Raubvogel zum Tanzen auf und sagte mir, daß ich sein „Lady Bird" sei. Der Adler (Raubvogel) ist mit der Ar-Rune verbunden; die Aszendenten von Aleister Crowley, Roland und mir liegen alle in dem astrologischen Abschnitt, welcher der Periode der AR-Rune entspricht: 15.7. bis 7.8. (23° Cancer-15° Leo).

Der folgende Vers: AL, II, 27: *„There is great danger in me: for who doth not understand these **RUNES** shall make a great miss...",* zog lange Zeit Rolands Aufmerksamkeit auf sich, der sich fragte, was die Runen mit Ägypten zu tun haben. Warum war nicht von Hieroglyphen oder Glyphen die Rede? Dies mußte doch auf irgend eine Weise ein Schlüssel sein.

Einige Jahre zuvor hatte er mir das Buch „Runenmagie" von Karl Spiesberger mit den Worten geschenkt: „Vielleicht is das etwas für dich, vielleicht findest du einige Verbindungen zum *Liber AL*". Er hatte recht, es war etwas für mich, es war (auch hier) Liebe auf den ersten Blick.

Bevor ich mit meiner „Great Work" richtig anfing, hatte Roland eine zweite sehr wichtige Entdeckung gemacht: Einer der Namen für die 16. Rune (armanisch) war EIHWAS und einer der Namen der 17. EHWAS. Klar, daß Roland AIWASS las! Dies war zuviel für mich, ich war nicht mehr zu halten und fing sogleich mit der Arbeit an.

Bei Hebräisch und Kaballa hatte ich kein gutes Gefühl, sie blieben tot für mich. Ich kam damit keinen Schritt weiter. Mit den runischen numerlogischen Werten spielte ich auf die gleiche Weise, wie dies in der Gematria getan wird. Die Resultate waren wirklich überwältigend. Ich konnte zunächst meinen Augen nicht trauen, wenn ich die Ergebnisse sah! Manchmal waren mein Schreiber, meine Einsichten und meine Visionen so schnell, daß ich ihrer Geschwindigkeit kaum folgen konnte.

Ein anderes auffallendes Detail war, daß sich der größte Teil dieser Einsichten in der Zeit von April 1997 bis April 1998 einstellte, ein sehr wichtiges und magisches: 93 Jahre nach dem Diktat des *Liber AL*! (Diese Zahl spielt im *Liber AL*, wie Kaballisten wissen werden, eine zentrale Rolle).

Ich behaupt nicht, daß die Runen der einzige oder beste Schlüssel zum *Liber AL* sind. Sie sind mein persönlicher Zugang zum und entsprechen meinen persönlichen Erfahrungen mit dem *Liber AL*.

Ich hoffe, diese Arbeit wird Ihnen so viel Freude bereiten wie mir.

BRAJANNE
Gewidmet dem *Great Beast 666*

Der Vogelmann, das Liber AL und ich

Ich möchte gern noch etwas über die Umstände sagen, die zu diesem Buch geführt haben.

Ich wurde am zweiten April 1961 geboren, Mittags an einem Oster-Sonntag, nach einer Vollmond-Nacht. Ich hatte schon immer einen leichten Zugang zur astralen Welt gehabt, zu verschiedenen Dimensionen, im Schlaf, aber auch am Tage; es passierte einfach. Bevor ich Roland begegnete, hatte ich darüber keine Kontrolle. Er empfahl mir, dieses Talent kreativ zu nutzen. Im November 1995 schenkte er mir das Buch „Runenmagie" von Karl Spiesberger, und dies war der Beginn meiner Erfahrungen mit den Runen. Sie hatten einen enormen Einfluß auf mich, sie öffneten viele neue Türen in mir und für mich und ließen mich Dinge erfahren, die meine wildesten Träume übertrafen. Mit der Kraft der Runen konnte ich meine Gabe sehr gut dirigieren.

Doch die wahre Kraft hinter diesem Buch kam vom *Liber AL* selbst. Alles begann 1984, dem Jahr, als ich Roland kennenlernte und er mir das *Liber AL* zeigte. In diesem Moment wußte ich bereits, daß ich eines Tages in der Lage sein würde, es zu erklären. Ich verstand zu dem Zeitpunkt nicht einen Vers, doch ich liebte es auf der Stelle; der Inhalt fühlte sich so vertraut an, wie eine Art „Déja vu". Ich fragte mich, woher dieses Gefühl, dieses Wissen kam. Es war eine seltsame und neue Erfahrung, obwohl ich absolut nichts von Magick oder Mystik verstand.

Im November und Dezember 1993 fertigte Roland eine Kopie der Stele der Offenbarung an. Die Präsenz dieser Stele in unserem Haus drängte mich hin zum *Liber AL*, und da erschien der Vogelmann in meinem Leben, zusammen mit vielen Phänomenen, die eine Verbindung zum „Buch des Gesetzes" hatten. Roland sagte mir, ich solle keine Angst haben und es geschehen lassen. Er empfahl mir, alles sorgfältig zu beobachten und das Erfahrene aufzuschreiben.

Eines dieser seltsamen Dinge war das Summen von Insekten, das uns überall hin, auch außer Haus, und das über diverse Jahre, folgte. Es konnte von jedem gehört werden, der in unserer Nähe war. Ich hatte mehrere sehr lebhafte Visionen von großen Insekten, die um unser Haus herum flogen. Auf einer Urlaubsreise in Frankreich, im Juli 1994, sahen wir zwei Tage hintereinander eine Art Lichtball mit einer unglaublichen Geschwindigkeit durch den Nachthimmel fliegen; vielleicht ein UFO? Einige Jahre später entdeckte Roland in Kenneth Grants „Outer Gateways", daß dieses Summen und auch die UFOs zu den „Outer Ones" und ihren Fahrzeugen in Beziehung standen, welche zur elften Sephirah außerhalb des traditionellen Lebensbaumes gehören.

Mein Vogelmann hat eine sehr enge Beziehung zu Aleister Crowley: Wenn er da war, war Crowley nicht fern. Ich empfand sie als zwei verschiedene Wesen, Crowley als sorgsamen Vater, den Vogelmann als Liebhaber. Ab November 1993 begann er mit mir während meiner täglichen Übungen zu tanzen (ich arbeitete damals mit dem achtfältigen Pfad des Patanjali), und nachts sprach Aleister Crowley in meinen Träumen über ein Kind.

Zur gleichen Zeit begann eine leuchtende, milchig-weiße Substanz mit einem goldenen Glanz, die jede Form annehmen konnte, an mir zu wirken. Sie begleitete mich Tag und Nacht. Dieser Prozeß wurde noch verstärkt durch das Erscheinen von Crowley in der OTHIL-Runen-Stellung mit einem leuchtenden Ball zwischen seinen Händen. Er hieß mich das gleiche zu tun und legte den Lichtball in meine Hände (s. Zeichnung in Kapitel XIV). Neben ihm sah ich das Symbol für die ING-Rune, die nicht zu den Armanischen Runen gehört. ING stellt eine Priester und OTHIL einen Adligen dar. Zusammen könnten sie ein Zeichen für den „Prince-priest, the beast" aus AL, I, 15 sein.

Mein Vogelmann nahm während all der Jahre, in denen er mich besuchte, verschiedene Gestalten an. Als riesiger Adler flog er mit mir zu sehr hohen Gebäuden und Türmen, besonders zum jeweils neunten Stock, dem Dachgeschoß (jedes Stockwerk stellte eine Welt dar) mit einer sehr deutlichen Präsenz der Elemente „Atmosphäre und Luft". Der Runische Lebensbaum besteht aus neun Kugeln oder Welten. Der Nordpol spielte eine wichtige Rolle darin, wo es so stark stürmte, daß sich alles auflöste, was mir das Gefühl gab, daß dies eine Beziehung zur Zahl 8 habe. Nuit gehört zum Norden, wie auch die Runen. In dieser Gestalt begleitete er mich auch in die Außenwelt, vor allem, wenn ich allein im Wald meiner Runen-Arbeit nachging.

Aber meistens erschien er mir als Mann mit Adlerkopf und -Flügeln, in indianischer oder ägyptischer Kleidung. Manchmal sah ich unter seinem Schnabel einen Menschenkopf, der an einen Schamanen erinnerte, doch er verbarg stets sein Gesicht. Als ich ihn danach fragte, antwortete er mir, daß es noch zu früh sei, mir dieses Geheimnis zu enthüllen. Manchmal war mein Adlermann sehr klein, besonders wenn er auf meinem Kopf tanzte, um das Kundalini-Feuer in mir zu wecken.

Er stellte mich auch verschiedenen Wesen vor:

Zwei indianischen Zauberern, einer aus Süd-Amerika, der in einem kleinen Dorf im Dschungel, einer aus Nord-Amerika, der als Einsiedler in einem Wald in kaltem Klima lebte. Diese Zauberer waren wie Brüder. Obwohl sie sich körperlich noch nie getroffen hatten, bestand eine intensive astrale Kommunikation zwischen ihnen. Sie richteten das gleiche Band zu mir ein; ich sollte ihre Sprecherin werden.

Einem sehr großen, länglichen, fliegenden Insekt mit menschlichem Verstand, das aus einem metallischen Ei geboren worden war.

Einem schneeweißen Mann mit langem Bart mit je einem waagerechten und senkrechten Zopf an dessen linker Seite. Er ist eine führende Persönlichkeit in Initiations-Angelegenheiten.

Einem Alien-Mann von den Sternen, elektrisch und muskulös, aus dem Blitze hervor schossen.

Einer sehr durchsichtigen (wie Wasser) kahlen Frau mit großen Augen, die beachspruchte, von Hecate zu kommen, und mein Ajna-Chakra berührte.

Verschiedenen spitzschädligen Menschen wie in einigen von Crowleys Selbstporträts.

Zwei Zwillingsbrüdern adliger Herkunft mit gegensätzlichen Charakteren. Der eine war ein Mars-Typ mit einer extrovertierten Einstellung. Stahl beherrschte seine Welt, und seine Waffen waren daraus gemacht. Er hatte viele Schwierigkeiten mit seinem Zwillingsbruder, den er als ständigen unsichtbaren Feind erfuhr. Der andere war eine mystisch eingestellte Person mit großer innerer Kraft. Seine Waffen waren Pfeil und Bogen. Sein Wesen, aber auch seine Farben waren die gleichen, aber nicht so hell (intensiv) wie die der folgenden Frau.

Zu diesen Brüdern gehörte die Anwesenheit einer mysteriösen Frau. Sie sind ihre Diener, aber auch ihre Geliebten. Aus ihrer sexuellen Vereinigung entstehen neue Welten, in denen das Sperma der beiden Männer die Springbrunnen des Lebens ist. Sie beobachtet und beschützt diese Welten mit sehr viel Liebe, doch mischt sie sich nicht ein. Eine Stimme sagte mir, daß es Nuit, Ra-Hoor-Khuit und Hoor-Paar-Kraat waren.

Der Vogelmann kündigte sich immer mit dem Lied „Lady Bird" von Nancy Sinatra und Lee Hazlewood an. Er nannte sich selbst der Vogelmann und meinte, daß ich sein „Lady Bird" sei. Die Kombination aus Vogelmann und Lady Bird führte mich zu den folgenden Schlüssen:

Die Adlersfrau (Arkona) gehört zur KA-Rune und der Adler zur AR-Rune. Zusammen ergeben sie die EH-Rune, die Rune der Zwillingsseelen.

Aleister Crowley behauptete, daß der Adler das höchste Symbol für „The Beast 666" sei und daß er eine starke Affinität zu Steinbock und Babalon habe.. Der Adler ist der König der Vögel und gehört zum Element Luft.

In der Schamanischen Tradition hat der Adler eine starke Verbindung zur Sonne. Es wird gesagt, daß er der Vater oder erste Schamane dieser Tradition war. Ich fand viele Geschichten dieses Adlermannes, der die Angewohnheit hat, Frauen zu besuchen.

Im Winter 1995 wechselte der Vogelmann seine indianische in ägyptische Kleidung und lehrte mich eine Art Gruß an die Vier Himmelsrichtungen, der in der Königshaltung ausgeführt wird, wobei sich nur Kopf und Nacken bewegen.

Beuge den Kopf langsam nach vorne, halte die Stellung an und atme ein paar mal tief ein und aus.

Tue das gleiche mit dem Kopf nach hinten gebeugt.

Das gleiche seitwärts, wobei sich der Kopf auf einer Linie mit den Schultern befinden muß. Erst nach links, dann nach rechts und dann noch einmal wiederholen.

Dann noch einmal vorwärts und rückwärts.

Dies erzeugte in mir das Gefühl, unter einer Pyramide mit goldenem Licht zu sitzen.

Ich hatte verschiedene Besuche von einem Mann mit langen Gewändern und einem dreieckigen Hut, auf dem sich ein Pentagramm mit dem Horusauge darinnen befand, beides in Gold, mit einem Sonnenglitzern darin. Ich sah nie sein Gesicht. Er wurde auf verschiedene Weise mein Lehrer. Zur gleichen Zeit waren die Begegnungen mit dem Vogelmann sehr intensiv. Ich habe das sehr starke Gefühl, daß sie zwei Formen von einem Wesen waren.

Aleister Crowley erzählte mir mehr über sich selbst. In seinem gegenwärtigen Zustand hatte er das Aussehen eines gemischten Menschentyps: halb orientalisch (Schlitzaugen), halb abendländisch. Er war eine männliche Person mit sehr schönen Augen und hatte eine sehr starke Beziehung zu einem mysteriösen Priester aus Tibet. Ich sah und besuchte Crowley in einem tibetischen oder nepalesischen Kloster. Über das Kloster befragt, gab er mir den Namen RASPUTIN und eine Vision von einem kleinen grünen (wie Jade) Kissen (sah aus wie ein Kokon) mit einem Seidenschal der gleichen Farbe, die besonders für jene, die in einem vorigen Leben eine Verbindung dazu hatten, eine wichtige Rolle spielten.

1997 drängte mich eine fremde Kraft, am *Liber AL* in Verbindung mit den Runen zu arbeiten, was schließlich zu diesem Buch führte. Mein Vogelmann besucht mich jetzt in Form von Inspiration.

1998 beauftragte er mich, aus meinen Notizen ein Buch zu machen. Sein Ziel mit diesem Buch ist es, viele Thelemiten aus ihrem Schlummerzustand zu reißen. Er erklärte mir, daß viele von ihnen unnötige Umwege gingen und nur mehr und mehr Informationen ansammelten. Er sprach von einer dringenden Notwendigkeit neuen frischen Windes, der Raum für neues Denken und Arbeiten erzeugen soll.

Bevor Frau Johanna Bohmeier entschied, das Manuskript anzunehmen, konsultierte sie das *Liber AL*, und die Antwort war AL, I, 5: Help me, o warrior lord of Thebes, in my unveiling before the children of men!" Ich wußte, daß sie Recht hatte, doch es war immer noch eine Überraschung, als ich diese bestimmte Antwort erhielt.

In der Nacht, bevor ich den Autorenvertrag erhielt, hörte ich eine kräftige Stimme sagen: „The stele shall live again."

KAPITEL I:

TAFEL DER KORRESPONDENZEN

Vorbemerkung zur Tafel der Korrespondenzen

Bevor wir beginnen, möchte ich Ihnen einige wichtige Richtlinien geben, wie mit diesem Buch gearbeitet werden kann. So weit ich weiß, hat niemand vor mir eine Verbindung zwischen den Runen und dem *Liber AL* hergestellt. Daher mußte ich mir mein eigenes *Sepher Yetzirah* mit den Runen erstellen. Alles, was ich hatte, waren einige kurze Erläuterungen zu jeder Rune sowie deren Zahlwerte. Ich verwendete diese als Grundlage zur Erstellung meiner eigenen *Gematria*. Die Tafel der Korrespondenzen ist weit davon entfernt, vollständig zu sein, doch sie enthält immerhin alle wichtigen Schlüssel in Verbindung mit dem *Liber AL*.

Das Runen-System, mit dem ich arbeitete, war das Armanische. Es kann nützlich sein, sich einige Bücher über dieses System zu verschaffen. Ich empfehle die folgenden: Karl Spiesberger, *Runenmagie*, Verlag Richard Schikowski, Berlin (eine gute Zusammenfassung der Ansichten mehrerer Autoren), Edred Thorsson, *Rune Might: Secret Practices of the German Rune Magicians*, Llewellyn Publications (eine sehr gute Einführung in das Armanische Runensystem).

Die Runen im Armanischen System haben Zahlwerte von eins bis achtzehn. Ist der Zahlwert eines Wortes größer als achtzehn, addieren wir die Einzelziffern und bilden so die Quersumme. Beispiel: NUIT = 8 + 2 + 9 + 12 = 31, 3 + 1 = 4, 4 ist der numerologische Wert der OS- und OTHIL-Rune, die somit die Wurzel-Runen oder die Haupt-Energien von Nuit sind. In diesem typischen Fall kann es auch 13 sein, die Umkehrung von 31. 4 und 13 (1 + 3 = 4) haben eine tiefe Verbindung untereinander.

Jede Rune hat ihre ganz eigene Ausarbeitung erfahren, von einem geringen bis zu einem sehr hohen Level. Daher ist es nicht immer einfach, die richtige Beziehung zu den korrespondierenden Runenkräften zu erfassen.

Es ist wichtig, sich daran zu erinnern, daß das *Liber AL* gehört wurde. Aleister Crowley schrieb nieder, was Aiwass ihm diktierte. Aus diesem Grunde zolle ich dem Phonetischen ganz besondere Beachtung. Buchstaben und besonders Vokale (Selbstlaute) haben ihren eigenen, typischen Klang in jeder Sprache, so daß es manchmal etwas schwierig sein kann, die passende Rune dafür festzulegen. Beispielsweise können „aa" in Kraat und „oo" in Fool als ein Buchstabe in der einen und als zwei Buchstaben in einer anderen Sprache angesehen werden. Aus diesem Grunde sind in meinen Berechnungen oft zwei Versionen angegeben. Klänge sind sehr wichtig, jede andere Aussprache führt zu einem anderen Ergebnis und gibt der Basis-Energie damit eine andere Färbung. Auch der visuelle Aspekt spielt eine wichtige Rolle, wie Sie später in diesem Buch noch sehen werden.

<td colspan="3" align="center">**Tafel der Korrespondenzen**</td>		
FA	ᚡ	Buchstabe: F, PH, V Numerologischer Wert: 1 Zeitabschnitt: 22. Dezember–12. Januar
	19/1	(Narr), fool (oo = 4) (Krieg), war (w = 2+2, siehe UR) (Wort), word (w = 2+2, d = 3+3, siehe THORN/DAG)
UR	ᚢ	Buchstabe: U, V, W (W = Doppel-U, aber nicht immer) Numerologischer Wert: 2; wenn ich Doppel-U gebrauche (2+2), ist es angegeben. Zeitabschnitt: 13. Januar–3. Februar Die Haltung von Nuit auf die Stele.
	2	Ajna-Chakra, der 2-blättrige Lotus, der Sitz des Willens
	20/2	Had O.T.O. law (a = 4) (Gesetz) Hoor
	101/2	Hoor-Paar-Kraat (passiv oder inaktiv)
THORN und DAG	ᛞ ᚦ	Buchstabe: TH, D (Doppel-Dorn) Numerologischer Wert: 3; wenn ich den Doppel-Dorn, 3+3, gebrauche, ist das angegeben. Zeitabschnitt: 4. Februar–25. Februar (Thorn)
	3	Die 3 Teile des *Liber AL* Abrahadabra (3x11 oder 33 = zwei Dreien oder Dag) Tatech (33)
	30	Isa words (w = 2+2, d = 3+3) (Wörter)
OS (Ase) und OTHIL (Adel)	ᛟ ᛇ	Buchstabe: O, manchmal A; wenn ich A gebrauche, ist das angegeben. Numerologischer Wert: 4 Zeitabschnitt: 26. Februar–20. März (Os)
	4	The four gates (Die vier Tore) Muladhara-Chakra, der 4-blättrige Lotus

ᛏAFEL DER ᚴORRESPONDENZEN

	22	Nuit (ui = 2), Nuit (t = 3) Der doppelte Horus Truth (Wahrheit) Law (a = o, w = 2+2), (Gesetz)
	31	Nuit
RIT	ᚱ	Buchstabe: R Numerologischer Wert: 5 Zeitabschnitt: 21. März-12. April
	5	Die Zeitabschnitt, in welchem das des *Liber AL* empfangen wurde, während Rose 5 Monate schwanger war 5 Jahre nach der Geburt des ersten Kindes (Tochter) von Aleister Crowley und Rose Kelly, am 28.07.1909 (28+7+19 = 54 = Nuit und Hadit), fand Crowley im Boleskine-Haus das Manuskript des *Liber AL* wieder Aiwass (w = 2+2) = 55 oder 2 x Rit
	23	Mein Geburtsdatum (2.4.1961, 2 + 4 + 17 = 23), welcher in den Zeitabschnitt der Rit-Rune fällt Had (d = 3+3) Wand (Stab) Fool (Narr)
	32	Coph nia
	41	Hadit Will; (Wille) King; (König)
	50	Ra-Hoor-Khu
	104	Rose Kelly
	122	To Mega Therion
	140	Boleskine house
KA	ᚲ	Buchstabe: K, C, CH, Q Numerologischer Wert: 6 Zeitabschnitt: 13. April-5. Mai
	6	Crowley (= 66, zwei Sechsen) Svadhistana-Chakra, der 6-blättrige Lotus
	24	AL Asar (a = 4) Isa (a = 4) Hoor-Paar-Kraat (2) + Nuit (4)
	33	Abrahadabra

		TAFEL DER KORRESPONDENZEN
		Tatech
	42	Wanga
	51	Obeah
	60	Heaven; (Himmel)
	105	Abrahadabra
	114	Scarlet Woman
HAGAL	⋇	Buchstabe: H Numerologischer Wert: 7 Zeitabschnitt: 6. Mai-28. Mai
	25	Sword; (Schwert) Ma dog und god (Hund und Gott) Why; (warum) Dove; (Taube) Words; (Wörter)
	34	Todesdatum von Aleister Crowley (1.12.1947) I am
	43	Geburtsdatum von Aleister Crowley (12.10.1875) Ahathoor Kraat
	52	Tahuti
	61	Thebes
	70	Thelema (a = 4)
	88	Heru-pa-kraath
NOT oder NAUT	⭣	Buchstabe: N Numerologischer Wert: 8 Zeitabschnitt: 29. Mai-20. Juni *Namesübereinstimmung mit Nuit*
	8	A.A. (a = 4) Heru-pa-kraath (88 = 2x8) Das geheime Chakra, der 8-blättrige Lotus, verborgen in dem Anahata-Chakra
	26	8.4.1904 (Diktat-Beginn zum *Liber AL*, Nuit-Kapitel) law, (Gesetz)
	44	Hadit (d = 3+3)
	53	Aiwass
	62	Ra-Hoor-Khut Khu (15) + Khabs (47)

Tafel der Korrespondenzen

	71	Ra-Hoor-Khuit Perfect, (perfekt) Stélé
	80	Ankh-af-na-Khonsu (a immer = 4)
	116	Scarlet Woman (w = 2+2) To Mega Therion (a = 4)
	161	Aleister Crowley (w = 2+2)
IS	ᛁ	Buchstabe: I, J Numerologischer Wert: 9 Zeitabschnitt: 21. Juni-14. Juli
	9	Die Konjunktion von Hadit (5) + Nuit (4)
	27	9.4.1904 (zweiter Tag des Diktats, Hadit-Kapitel) why (w = 2+2), (warum) words (w = 2+2), (Wörter)
	36	Love, (Liebe) Asar
	54	heaven (a = 4), (Himmel)
	63	Beast, (Biest) Heru-Ra-Ha
	72	Babalon Baphomet Perdurabo Ompedha (d = 3+3) Nuit (31) + Hadit (41)
AR	ᚨ	Buchstabe: A Numerologischer Wert: 10 Zeitabschnitt: 15- Juli-7. August *Der Zeitabschnitt der Geburt von Lilith, dem ersten Kind von Aleister Crowley and Rose, die Aszendenten von Crowley; Roland und mir fallen unter den Einfluß von Ar, genau wie der Stand der Sonne in Liliths Geburts-Horoskop.*
	10	Thoth Nu Manipura-Chakra, der 10-blättrige Lotus
	19	fool (Narr) word (w = 2+2, d = 3+3), (Wort) war (w = 2+2), (Krieg)
	28	Der Tag (28) von Liliths Geburt

TAFEL DER KORRESPONDENZEN

		law (w = 2+2), (Gesetz) god und dog (d = 3+3) (Gott und Hund) sin, (Sünde) dove, (Taube) words (d = 3+3), (Wörter) I am (a = 4)
	37	Rose
	46	Tahuti (a = 4) Kephra
	55	Aiwass (w = 2+2)
	64	Crowley
	82	Ankh-a(= 4)f-n-Khonsu
	136	Roland (sein ganzer Name)
	163	Hoor-Paar-Kraat (101) + Ra-Hoor-Khut (62)
	172	Hoor-Paar-Kraat + Ra-Hoor-Khuit (71)
	694	Aleister Crow(2+2)ley + Rose Kelly + Tochter (alle Namen zusammen)
SIG	ᛋ	Buchstabe: S, Z Numerologischer Wert: 11, Z = 11+11 Zeitabschnitt: 8. August-30. August
	11	Hoor-Paar-Kraat (101 = 11, aktiv) war (a = 4), (Krieg)
	29	Achad, und das Geburtsdatum von Achad (2.4.1886)[1] Horus Had (d = 12) Tum
	38	Geburtsdatum von Roland (17.4.1952) Einäscherung von Aleister Crowley (5.12.1947) Sothis Coph Nia (a = 4) Maat (t = 3) Paar
	47	Sirius Khabs Maat
	56	My word is FIFTY and SIX (Mein Wort ist Fünfzig und Sechs)

---

[1] Achad ist einer der magischen Namen von Charles Stanfield Jones. Aleister Crowley behauptete, dass Achad sein magickscher Sohn sei.

Tafel der Korrespondenzen

		Agape (a = 4)
	65	Hrumachis
		Khephra
	83	serpent, (Schlange)
	92	Ankh-a(= 4)f-na-Khonsu
		Bes-na(= 4)-Maut
	263	Aleister Crowley (159) + Rose Kelly (104)
TYR	↑	Buchstabe: T, D (wenn ich 12 für D benutze, ist das angegeben) Numerologischer Wert: 12 Zeitabschnitt: 31. August-22. September
	12	12.10.1875 (1875 = 21) 21 oder umgekehrt 12 Obeah (6) + Wanga (6) wand (5) + sword (7), (Stab + Schwert) Anahata-Chakra oder der 12-blättrige Lotus Nuit (4) + Hadit (8)
	39	will, (Wille)
	48	to me, (zu mir)
	57	Tatech
	66	Crowley Nuit (22) + Hadit (44) Asar + Isa
	75	Perdurabo (d = 3+3) Nuit (31) + Hadit (44)
BAR	ᛒ	Buchstabe: B, P Numerologischer Wert: 13 Zeitabschnitt: 23. September-15. Oktober *Der Zeitabschnitt der Geburt von Aleister Crowley*
	13	Nuit (ui = u, t = 3) war (w = 2+2, a = 4), (Krieg) 31 umgekehrt 13: Nuit
	49	Geburtsdatum von Lilith 28.07.1904 Kaaba Osiris
	67	Kelly
	76	Thelema A(= 4) nkh-af-n-Khonsu

Tafel der Korrespondenzen

		Bahlasti
	139	Hoor-Paar-Kraat (77) + Ra-Hoor-Khut (62)
	148	Hoor-Paar-Kraat (77) + Ra-Hoor-Khuit (71)
	265	Aleister Crow(2+2)ley (161) + Rose Kelly (104)
	418	!!!
LAF	ᚱ	Buchstabe: L Numerologischer Wert: 14 Zeitabschnitt: 16 Oktober-7. November
	14	Had (a = 4) word, (Wort) 41 umgekehrt 14: Hadit, w(2+2)ill (Wille), king (König)
	59	Hruma (= 4)chis
	68	Agape
	77	Hoor-Paar-Kraat (oo = 4, aa = 10)
	86	A(=4)nkh-af-na-Khonsu
	365	Nuit Ma Ahathoor Hecate Sappho Jezebel Lilith
MAN	ᛉ	Buchstabe: M Numerologischer Wert: 15 Zeitabschnitt: 8. November-29. November
	15	Khu Ra 51 umgekehrt 15: Obeah
	159	Aleister Crowley
	429	Nuit Ma Ahathoor Hecate Sappho Jezebel Lilith Crowley
YR	ᛦ	Buchstabe: Y, X Numerologischer Wert: 16 Zeitabschnitt: 30. November-21. Dezember *Eihwas, Übereinstimmung mit Aiwass*
	16	Ra-hoor-Khut (8) + Ra-Hoor-Khuit (8) Scarlet W(2+2)oman + To Mega Therion perfect (8) + perfect (8) w(2+2)ord, (Wort) 61 umgekehrt 16: Thebes Vishudda-Chakra, der 16-blättrige Lotus.
	88	Heru-pa-Kraat (t = 3)

Tafel der Korrespondenzen

	718	!!!
EH	(Rune)	Buchstabe: E Numerologischer Wert: 17 Zeitabschnitt: -
	17	Ha Ha(=4)d (3+3) word (3+3), (Wort) 71 umgekehrt 17: Ra-Hoor-Khuit, perfect (perfekt) Stélé
	98	Ankh-af-na-Khonsu Bes-na-Maut
	197	Charles Stanfield Jones (siehe auch 29: Achad)
	692	Aleister Crowley + Rose Kelly + Tochter (alle Namen zusammen)
GIBOR	(Rune)	Buchstabe: G Numerologischer Wert: 18 Zeitabschnitt: -
	18	Beast (9) + Babalon (9) AL (a = 4) 666 Nu (10) + Hadit (8)
	99	Boleskine

In diesem Kapitel habe ich die Runen so abgebildet, wie es im Armanischen Runensystem üblich ist. Die Runen sind so abgebildet, daß man sie bequem mit dem Körper einnehmen kann (Asanas). Die Runen haben jedoch verschiedene Äußerungsformen, sie können verschiedene Positionen einnnehmen. So können aufrecht stehende (männliche) Runen zu weiblichen werden, wenn sie 'umfallen'.

Beispiel: Die IS-Rune, ist männlich (aufrecht stehend), aber in diesem Zustand (liegend) weiblich.

Manchmal, wie bei der SIG-Rune, benutzt man auch alternative Formen, um die weibliche Variannte auszudrücken. Im Falle von SIG werden wir im nächsten Kapitel darauf zurückkommen.

KAPITEL II: DAS *LIBER AL* UND DAS "ARMANISCHE RUNEN"-SYSTEM

ENTDECKUNGEN

Die folgenden Entdeckungen waren entscheidend für meine Wahl des Armanischen Runen-Systems.

AL, II, 27: „There is great danger in me: for who doth not understand these **RUNES** shall make a great miss".

Die Götter sind ägyptischen Ursprungs, und darum hätten dort eigentlich Hieroglyphen oder Glyphen stehen sollen und nicht Runen. Dieser Wink, den ich von Roland erhielt, bedeutete den Beginn meines Runen-Studiums.

DIE UR-Rune: Die Haltung von Nuit auf der Stele der Offenbarung ist identisch mit der Form der UR-Rune.

Die UR-Runen-Übungen öffnen die Ohren (auch die <u>inneren</u> Ohren). Das *Liber AL* wurde diktiert, es wurde gehört.

Ohr = OOR (Niederländisch) = UR. Hören = HOOR (Niederländisch für hören).

Die UR-Rune ist auch die Wurzelrune von Hoor-paar-Kraat (7 + 4 + 4 + 5 + 13 + 10 + 10 + 5 + 6 + 5 + 10 + 10 + 12 = 101/2 = UR) und Had (7 + 10 + 3 = 20/2).

DIE NOT-Rune: Nuit kann auch der Name der 8. Rune NOT oder NAUT sein, welche auch die Wurzelrune von Ra-hoor-khu(i)t ist: 5+10 + 7+4+4+5 + 6+7+2 (+9)+12 = 62/8 und 71/8.

DIE YR- UND EH-Rune: Roland entdeckte, daß die Aussprache des Namens Aiwass fast identisch ist mit einer der Namen der 16. Rune YR oder EIHWAS bzw. der 17. Rune EH oder EHWAS. Bedenke erneut: Das *Liber AL* wurde gehört.

Die YR-Rune hat durch ihren Zahlwert eine Verbindung zu Ra-Hoor-Khut (8) + Ra-Hoor-Khuit (8), und die Summe von 718 = 16. Die EH-Rune ist die Rune der Dual- oder Zwillingsseelen.

Das Armanische Runen-System

Zwischen 1902 und 1908, also in etwa um die Zeit herum, als das *Liber AL* oder *Das Buch des Gesetzes* empfangen wurde, blies Guido von List, der Vater des Armanischen Runen-System, neues Leben in die Runen und setzte damit so etwas wie ihren Revival in Gang.

AL, II, 55: „Thou shalt obtain the order & value of the English Alphabet; thou shalt find new symbols to attribute them unto."

Die englische Sprache gehört wie die deutsche, niederländische und die skandinavischen Sprachen zur Gruppe der germanischen Sprachen. Die Runen sind die Basis all dieser Sprachen und daher ein ebenso wichtiger wie einfacher Schlüssel zur Erschließung unserer verborgenen magischen (magickschen) Quellen.

Menschen germanischer Herkunft sind nach meiner Ansicht das Symbol für den Westen, und die Kräfte des *Liber AL* wirken am kraftvollsten durch den Abendländer. Der Abendländer hat den Kontakt zu seinen eigenen Wurzeln, zu seiner Seele verloren.

Die Nazi-Deutschen haben den Fehler begangen, den exoterischen statt den esoterischen Menschen zu selektieren, den blonden, blauäugigen Arier als Überlegenen Menschen über die Qualitäten der Seele zu stellen.

Horus und Deutschland

Das Armanische Runen-System war eine der wichtigsten Kräfte hinter Nazi-Deutschland. Mehrere Okkultisten haben behauptet, daß der Zweite Weltkrieg die exoterische Auswirkung des dritten Teils des *Liber AL* war, des Kapitels von Horus. Weitere Urteile überlasse ich dem Studenten dieser Materie.

AL, III, 3:„Now let it be first understood that I am a god of War and of Vengeance. I shall deal hardly with them."

AL, III, 4:„Choose ye an island."

AL, III, 5:„Fortify it!"

AL, III, 6:„Dung it about with enginery of war!"

AL, III, 7:„I will give you a war-engine."

... Dieses Runen-System wurde sicherlich mit Horus-Energie getauft, besonderes mit der Energie von Ra-Hoor-Khuit, der exoterischen Manifestation von Heru-ra-ha.

Die bekannteste Abteilung der Nazis, die SS, benutzte zwei Blitzlichter als ihr Emblem, das Symbol des SIG-Rune, der 11. Rune. Die Swastika ist auch eine Kombination von zwei SIG-Runen.

SIG ist die Wurzelrune von Horus (7+4+5+2+11 = 29/11), von Sirius (11+9+5+9+2+11 = 47/11) und von Had (7+10+12 = 29/11).

Die doppelten Blitzlichter verweisen auf die doppelte Natur von Horus, das gekrönte und siegende Kind, the **C**rowned and **C**onquering **CH**ild (= 666).[2] SIG = Sieg: Jedes Mal, wenn das Mantra „Sieg Heil" wiederholt wurde, wurden die SIG-Kräfte verstärkt.

Das erste Teil des Zweiten Weltkriegs war vor allem als „Blitz-krieg" erfolgreich.

Die Runen sind sehr anfällig dafür, in ihr Gegenteil umgekehrt zu werden: Falscher Gebrauch der Runen oder wenn ungeeignete Leute mit Runen-Energien arbeiten läßt gegensätzliche Kräfte entstehen. Im *Liber AL*, Vers II, 27 sehen wir die folgende Warnung: „There is great danger in me: for who doth not understand these runes shall make a great miss ..."

Die Summe des doppelten Horus 11 + 11 = 22/4 = OS oder OTHIL, welche auch die Wurzelrunen von Nuit (8+2+12) sind.

Das Zeichen für das Wassermann-Zeitalter ist eine doppelte, weibliche SIG-Rune, was darauf hindeutet, daß Horus auch weibliche Aspekte enthält.

Der Zweite Weltkrieg dauerte fünf Jahre, 5 ist der Zahlwert der RIT-Rune, welche die Wurzelrune von Hadit ist (7+10+3+9+12 = 41/5 oder 7+10+12+9+12 = 50/5).

Aleister Crowley behauptete in seinen Publikationen mehr als einmal, das *Liber AL* habe den Ersten und Zweiten Weltkrieg verursacht.[3]

DAS ÄON VON HORUS UND DIE SIG-RUNE

HORUS: 7+4+5+2+11 = 29/11

Symbol der SIG-Rune:

SIG = The	**C**rowned and	**C**onquering	**CH**ild (das gekrönte und siegende Kind)
	C=6	C=6	CH=6 = 666!!! Die Zahl des Biestes!!

6+6+6 = 18 = GIBOR

Das Symbol für das Wassermann-Zeitalter ist ein doppeltes, weibliches SIG

---

[2] Siehe auch KA, 29 in den Tafeln der Korrespondenzen. Die Wichtigkeit und Bedeutung dieser Aussage wird in Kapitel X erklärt: Die KA-Rune und das Kind des Propheten.

[3] U.a. in *Magick without Tears*, Falcon Press, Kapitel 39, „Prophecy". Auch im dritten Kapitel des *Liber AL* lassen sich Stellen finden, die auf den Zweiten Weltkrieg deuten könnten.

Das von den Nazi-Deutschen verwendete Doppel-S und die Swastika sind mit etwas Vorstellungskraft beide eine doppelte SIG-Rune.

Der erste Teil der Zweiten Weltkriegs war durch „Blitz-krieg" erfolgreich.

Der Blitz ist ein Symbol für SIG.

SIG oder 11, ist sicherlich eine der wichtigsten Energien im *Liber AL*. Aleister Crowley sprach und schrieb mehrmals über das wesentliche der 11.

AL, I, 24: „I am Nuit and my word is six and fifty." (56/11)

AL, II, 16: „I am the Empress & the Hierophant. Thus eleven, as my bride is eleven."

AL, I, 51: „.... drink sweet wines and wines that foam!" – Zischen und schäumen sind Eigenschaften, die zu SIG gehören.

29/11: Horus, Had, Achad, Geburtsdatum von Achad, Tum.

38/11: Sothis, Coph Nia, Einäscherungs-Datum von Aleister Crowley.

47/11: Sirius, Khabs, Maat.

56/11: „My word is six and fifty."

65/11: Khepra, Hrumachis

92/11: Ankh-af-na-Khonsu

263/11: Aleister Crowley + Rose Kelly

Aleister Crowley empfahl Churchill den Gebrauch des **V**-Zeichens als magisches Symbol, zur Abwehr gegen die und zur Vernichtung der Einflüsse der SIG-Rune der Nazis.[4] Das V-Zeichen (auch Symbol für Apophis und Typhon) gehört (in seiner umgedrehten Form) zur UR-Rune. Diese entspricht Hoor-paar-kraat (101/2), dem „Kind im Ei", dem „eingefrorenen" Kriegsgott Horus (siehe UR im ersten Kapitel). Um es in den Zustand des Gekrönten und Erobernden Kindes zu bringen, muß die schlummernde Energie geweckt werden : 101 ohne 0, das Ei, wird zu 11: SIG, das aktive Feuer, das Symbol, mit dem die Nazis arbeiteten. Insofern war das V als Variante der UR-Rune, und von Churchill zur symbolischen Geste erhoben, die Neutralisation des „Sieg Heil" der Deutschen: der durch SIG aktivierte Hoor-Paar-Kraat (11) wurde durch UR in seine passive Form (Hoor-Paar-Kraat, 101/2) zurückgeführt. (Für weitere Einzelheiten siehe das Kapitel Hoor-Paar-Kraat).

SIG, 11, ist auch ein Zeichen von Dualität, zwei starke entgegengesetzte Kräfte, welche in Kampf und Krieg münden.

---

[4] Gerald Suster, *Hitler, Black Magician*, Skoob Books Publ., London, S. 161.

Im einen Traum während der Zeit, in der ich SIG-Runen-Übungen praktizierte, sah ich, wie das Blitzlicht die Menschen in Zombies verwandelt, was sich auf den schlafenden Zustand der Menge bezieht: AL, II, 17: „Hear me, ye people of sighing! The sorrows of pain and regret are left to the **dead and the dying,** the folk that not know me as yet." Die Chakras wurden durch ein Gebäude symbolisiert, und die Zombies konnten nicht höher als im dritten Stock wohnen. Nur einige konnten diese Etage überhaupt erreichen, die Masse lebte im Erdgeschoß, das übervölkert war. Aber andererseits ist SIG auch das Licht von Khabs, das Licht der Erleuchtung. Diese Menschen lebten im vierten Stock und höher, und hier waren sie sicher vor den Angriffen der Zombies. Im dritten Stock saß eine riesige Taube mit nacktem Rücken und kahlem Kopf – der Wächter des Gebäudes.

KAPITEL III:

NUIT

Nuit ist eine Kombination aus fünf Runen

UR (2)	OS und OTHIL (4)	NOT (8)	AR (10)	BAR (13/4)
ᚱ	ᛟ	ᚾ	ᚪ	ᛒ

Es folgt die Erläuterung.

Die vierte Rune

Die vierte oder O-Rune besteht aus 2 Runen OS und OTHIL.

Numerologie

N = 8 + U = 2 + I = 9 + T = 12 = 31/4, 31 ist der Schlüssel zum *Liber AL*, benutzt von den Thelemiten.

N = 8 + UI = 2 + T = 3 = 13/4, aber auch 13, die BAR-Rune, welche dieWurzelrune von Thelema ist.

N = 8 + UI = 2 + T = 12 = 22/4

N = 8 + U = 2 + I = 9 + T = 3 = 22/4

Nuit und die OS-Rune

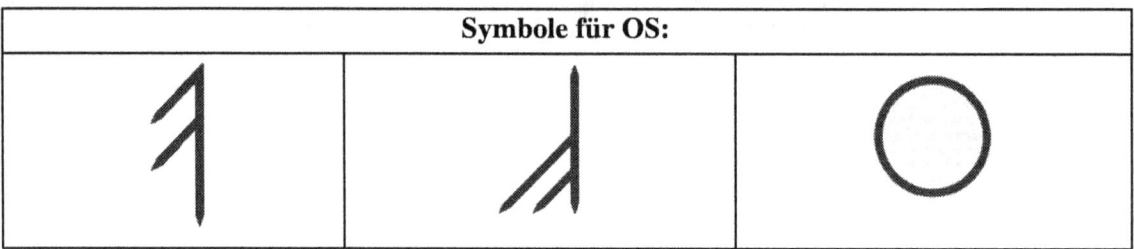

Symbole für OS:

= 0 ist ein anderes Symbol für OS = Der unendliche Kosmos oder der unendliche Kreis. Auch der Vokal O.
= Ein Mund, Wörter, sprechen. Ist sie die Person, die das *Liber AL* diktiert hat? Man braucht einen Mund zum Küssen: AL, II, 44: (44 = Hadit) There is the dissolution and eternal kisses of Nu.
= Atmen, Atem (adem in Niederländisch) = Odem = Od, AL, I, 28: None, breathed the light, ...
= Magische Kraft, Od-Kraft.
= Die Vagina, der zweite Mund.
= Der weibliche Schoß. ODA (= Samen) und Nachkommenschaft (Rose war schwanger, als sie und Aleister Crowley das *Liber AL* empfingen).
= Lebenswasser. Historisch: Nu ist der Kosmische Ozean.
= Die Herkunft, Werden.
= OS oder Askiz, der Lebensbaum. AL, I, 59: ... because of my hair the trees of Eternity.
= Die Rune der Götter oder Asen: Das Bewußtsein der Götter in uns.

Nuit und die OTHIL-Rune:

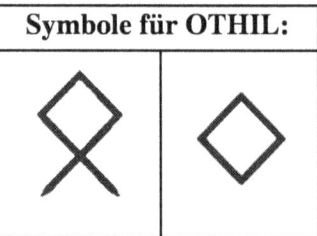

Symbole für OTHIL:

= Erblichkeit und Genetik: Umfaßt die Keime aller Lebensformen von allem, was im Kosmos existiert, existiert hat und existieren wird.
= Der Stamm oder Familie = Die Menschen, die zu Nuit gehören.
= Der Mikro-Kosmos, der menschliche Körper mit all seinen Möglichkeiten.
= Die Erde (Boden), in der sich die Wurzeln des Lebensbaums befinden.
= Wörter, sprechen, Atem und atmen. Od-Kraft.
= Magische Kräfte.

Nuit = OS und OTHIL

4 = OS und OTHIL, 2 Vieren!!! 4 + 4 = 8 = NOT oder NAUT. Namensähnlichkeit!
AL, I, 29: For I am divided for love's sake, for the chance of union.
AL, I, 30: ... that the pain of division is as nothing (= 0) ...

AL, I, 48: ... are not they the Ox (= OS), and None (= 0) by the BOOk?

4 = 0, 8 in Zwei geteilt ist 0/0. Erläuterung: Der erste Buchstabe einer Rune ist der wichtigste, denn er zeigt ihre Hauptenergie an. Daher kann man sagen, daß O = 4. Der Vier sind zwei Runen zugeteilt, OS und OTHIL, beide beginnen mit O, daher zwei mal O. Im Englischen wird oft der Buchstabe O für die Null verwendet (z.B. bei der Angabe von Telefonnummern). Und, wie ich in „Nuit und die OS-Rune" erwähnte, ist O eine andere Form für OS.

8:2 = 4. Wenn ich die 8 (waagerecht) in zwei Hälften teile, ergeben sich zwei Nullen oder zwei Buchstaben O, welche die beiden O-Runen OS und OTHIL symbolisieren.

AL, III, 46: I am the warrior Lord of the Forties (4 = 0): the Eighties cower before me, & are abased (0/0)...

Das Doppel-O in book (AL, I, 48) ist eine liegende, in zwei Teile geschnittene Acht. Ox, der Ochse, ist im niederländischen OS. Mehr dazu in den folgenden Kapiteln.

AL, I, 46: Nothing (= 0) is a secret key of this law. ...

NUIT UND DIE ACHTE RUNE: NOT
DIE NAMENSÄHNLICHKEIT VON NUIT MIT NOT (ODER NAUT)

Khu (15) + Khabs (11) = 26/8 = NOT oder NAUT, welche auch die Wurzelrune von Ra-hoor-Khu(i)t ist.

AL, I, 9: Worship then the Khabs and behold my light shed over you!

Wir müssen unsere Aufmerksamkeit auf das innerste Licht richten, welches sich im geheimen Zentrum, dem 8-blättrigen Lotus im vierten (4 = Nuit) Chakra befindet, und dann kommt das entsprechende Licht aus der Unendlichkeit von Nuit.

Die NOT-Rune öffnet die Wege zu diesem geheimen Zentrum. In diesem Zentrum findet die Konversation mit dem Heiligen Schutzengel statt.

AL, I, 15: ... They shall gather my children into their fold: they shall bring the glory of the stars in to the hearts (der Platz des geheimen Zentrums = 8, NOT) of men.

8 = das geheime Zentrum (der kleine 8-blättrige Lotus) im vierten oder Herz-Chakra (der 12-blättrige Lotus [=Tyr]). Wann die Kundalini bis zu diesem Punkt aufsteigt, dann ist die Konversation mit dem Heiligen Schutzengel möglich, das Große Werk, oder Abrahadabra, 418!!.

Ich werde in den folgenden Kapiteln noch detaillierter darauf eingehen.

Nuit und die AR-Rune

Symbole für AR		
⌐	⌒	⌐

Numerologie

N = 8 + U = 2 = 10, welche auch die Wurzelrune von Aiwass ist.

AR

Im diesen Fall hat NUIT etwas zu tun mit:

ZEIT: Der gothische Name für Ar = Jér, der griechische Name = OROS (HOROS oder HORUS).

Initiation (Einweihung).

Ganzheitlichkeit.

NU ist niederländisch für JETZT, und AR = ZEIT. **Jetzt** ist der richtige Moment.

NU = Ich bin (nichts folgt), reine Existenz ist nur möglich im JETZT(= Nu)-Moment. JETZT (Nu) ist der einzig richtige Moment, um eins mit Nuit zu sein.

Hadit ist versteckt im JETZT(NOW-)Moment = NU.

Die meisten Menschen leben nicht im Jetzt(= NU)-Moment, sie leben stets in/mit der Vergangenheit und Zukunft. Dies bedeutet leben in der Welt der ILLUSION, MAYA, oder die Identifikation mit dem Ego, dem falschen Ich, welches nicht zur Welt von Nuit und Hadit gehört.

Nuit und die UR-Rune

Die Haltung von Nuit auf der Stele entspricht dem Asana der UR-Rune. Dieses Asana öffnet die Ohren und die inneren Ohren. Das *Liber AL* wurde diktiert, also gehört.

UR ist auch die Wurzelrune von Hoor-Paar-Kraat (101/2).

Symbol der UR-Rune.	Zeichnung des Ur-Runen-Asanas.	Zeichnung der Haltung von Nuit auf der Stele.
⌐		

Die BAR-Rune und Thelema

Thelema: 3+17+14+17+15+10 = 76/13 = BAR

13 umgekehrt ist 31, der Schlüssel zum *Liber AL*.

Nuit: N = 8 + UI = 2 + T = 3 =13

Bedeutung der Rune

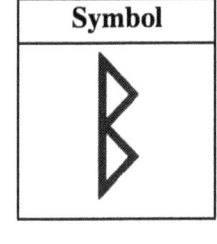

Symbol

- Enthält das Geheimnis der Großen Mutter oder der "Schrecklichen Mutter", zu vergleichen mit Kali. Die Erden-Mutter. Die Gebärmutter der Erde.
- Enhält alles, was das Leben angeht: die menschliche Geburt und Wiedergeburt, Erwachsenwerden, Erwachsensein und Tod. ...
- All das Werdende, Seiende.
- Verhehlt und (be)schützt.
- Es führt zur inneren und äußeren Freiheit = THELEMA!!!
- Stärkt den Willen, der magische Wille = THELEMA.
- 3 Bar-Zacken = Geburt in Körper, Seele und Geist, zu vergleichen mit den drei Thelemitischen Graden: "Man of Earth", "The Lover" und "The Hermit" (Mann der Erde", Der Liebende, und Der Eremit).

Symbol für 3X Bar.

KAPITEL IV:

HADIT

Wie Nuit ist auch Hadit eine Kombination aus fünf Runen:

UR (2)	RIT (5)	NOT (8)	LAF (14)[5]	EH (17)
ᚢ	ᚱ	ᚾ	ᛚ	ᛇ

Hadit und die UR-Rune

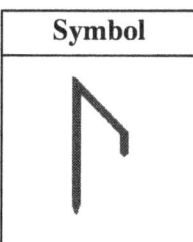

Symbol

UR ist die Wurzelrune von HAD (20/2)

Hoor-paar-Kraat (101/2)

Das UR-Runen-Asana ist die Haltung von Nuit auf der Stele der Offenbarung.

UR

= Die Ursache aller weltlichen und kosmischen Dinge.
= Od-Energie und -Kraft.

---

[5] (Mehr zu dieser Rune siehe auch das Kapitel „Hoor-Paar-Kraat").

= Das gefrorene Feuer oder die gefrorene Flamme im Berg des Eises oder Kristalls (Materie). Vielleicht ist es „Das Baby im Blauen Ei". Kristall und Eis haben beide einen blauen Glanz. Das Eis muß abtauen und der Kristall muß aufbrechen, damit Leben möglich wird. Wenn das Eis abtaut oder der Kristall aufbricht, dann wird die Zwei zur Elf, die aktive Kraft von Horus! (s. „Das Äon von Horus und die SIG-Rune" in Kapitel II).

AL, II, 6: "I am the flame (*inaktiv in der alltägliche Mensch*) that burns in every heart of man, and in the core of every star. I am Life, and the giver of Life: yet therefore is the knowledge of me the knowledge of death."

= Der Ort, wo sich die Wurzeln des Lebensbaumes befinden. Dies können die zwei unteren Chakras sein. Das erste Chakra = das Fundament, der Platz, wo die Kundalinischlange sich befindet. Das zweite Chakra ist das Zuhause des Stillen Selbst.

HADIT UND DIE RIT-RUNE: NUMEROLOGIE

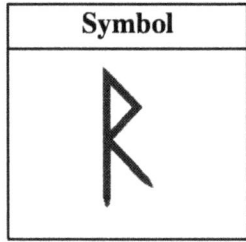

H = 7 + A = 10 + D = 3 + I = 9 + T = 12 = 41/5
H = 7 + A = 10 + D = 12 + I = 9 + T = 12 = 50/5
(„My nurnber is 50 and six" [= KA = Vereinigung])!!!

RIT

= Das Sonnenrad, das sich auf das "Wheel of Fortune", ATU X, beziehen kann.
= Rota (= Tarot) ist ein anderer Name für RIT.
= Sonnen-Wagen.
= Eine Scheibe: die Scheibe zwischen den Zwei Flügeln auf der Stele der Offenbarung.
= Rhythmus, Kosmischer Rhythmus.
= Bewegung.
= Rituale, das Große Ritual.
= Ursprüngliches Gesetz und Gerechtigkeit.
= Religion.

Die RIT-Rune weckt die höheren Chakras, das magische Talent und das Gefühl für Gesetz und Gerechtigkeit, Kosmischen Rhythmus und Rituale.

PERSÖNLICHE ERFAHRUNGEN MIT DIE RIT-RUNE:

AL, I, 18: "Burn upon their brows, o splendrous serpent."

Die Übungen mit die RIT-Rune haben einen sehr starken Effekt auf das Ajna-Chakra (Chakra = Rad oder Scheibe), der Sitz des Willens.

AL, II, 3: "...In the sphere I am everywhere the centre, as she, the circumference, is nowhere found."

AL, II, 7: "... I am the axle of the wheel."

Wenn die RIT-Runen-Asana und -Mantra richtig ausgeführt werden, dann entsteht das Gefühl, in einem Rad oder einer Scheibe zu liegen, die sich drehen. Das Nabel-Chakra (Chakra von Horus) liegt in die Mitte, auf "the axle of the wheel" (der Achse des Rades)!!!

Es kreiert auch eine goldene Scheibe auf dem Kopf, welche durch den Sonnenschein darin weiß erscheint. Die Sonne ist der Herrscher des dritten Chakras = Horus.

Es ruft die Erscheinung eines riesigen Pfeils weißen Lichts mit einem dunklen roten Umriß hervor, welche die Kundalini (das Schlangenfeuer = Hadit) aufsteigen läßt.
Der Pfeil ist das Symbol für die TYR-Rune. Der numerologische Wert von TYR ist 12.
6:50 = 0, 12!!
Der Pfeil würde im alten Ägypten auch als Symbol für Nuit benutzt.
AL, III, 72: "I am the Lord of the Double Wand of Power; the Wand of the Force of Coph Nia - but my left hand is empty; for I have crushed an Universe & nought remains."
COPH NIA (a = 4) = 32/5 = RIT, der Schlüssel, um diese Kraft zu aktivieren.
(a = 10) = 38/11 = SIG = "the lord of the Double Wand of Power".
Wenn ich die Hebräischen Buchstaben KAPH und AIN (NIA) nehme: K + A = KA-Rune. (Weitere Information über KA siehe Kapitel X).
Erklärung in 777: (übersetzt aus der englischen Version)
Kaph = Die Handfläche
= Die Nabe des Rades, aus der die Kräfte der 5 Elemente entspringen.
= Der Bezug ist besonders zu Jupiter (der astrologische Herrscher von RIT ist Sagittarius) und dem ATU X.
AIN = Ein Auge (Das Dritte oder geistige Auge!?)
= bezieht sich auf „the meatus".
Dies erklärt die Zuweisung von Capricornus (dem astrologischen Herrscher von AR) zum ATU XV (auch AR). AR ist der Fahrer des Sonnen-Wagens, AR und RIT sind miteinander verbunden.
= Die Form kann zwei Augen und Nasen vorstellen, der Platz des Ajna-Chakras oder das Dritte (geistige) Auge, auf das die RIT-Rune eine starke Auswirkung hat.

HA UND DIE EH-RUNE

NUMEROLOGIE

H = 7 + A = 10 = 17 = EH

EH

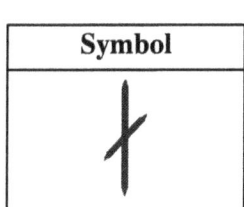

= Die Rune der Zwillings-Seelen.
= Aber auch die Dualität in uns.
= Das Suchen nach der Zwillings-Seele, mit dem Ziel der Vereinigung.

HADIT UND DIE NOT-RUNE

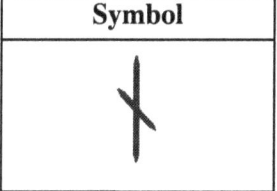

Hadit (d = 3+3) = 44/8 = NOT. NOT ist eine umgekehrte EH-Rune; die beiden vereinigt, ergibt die HAGAL-Rune, die Harmonie-Rune.

Zeichnung von Not +	**Eh =**	**Hagal**
↓	↓	⋈

AL, II, 15: ". . . I am eight, and one in eight: Which is vital, for I am none (= NOT oder Nuit) indeed."

HADIT

Had it (hatte es) = HAD oder HAT, vom Verb haben
Aiwass = I was (Ich war)
AL, II, 12: "Because of me in Thee which thou knewest not."
AL, II, 13: "for why? Because thou wast the knower, and me."
"Etwas", das wir bei unserer Geburt besitzen, aber das vergessen wird
    = had it (hatte es)
    = I was (ich war)

HA = HAGAL
D = DAG, der Doppel-Dorn, Siehe Zeichnung:
IT = umgekehrt TI, was eine Form der TYR-Rune ist.

Hagal = Der Umriß oder schützende Zaun = Beschränkung, die vernichtet werden muß, damit Harmonie möglich ist, welche dann führt zu:
DAG = Kenntnis von Leben und Tod, Gut und Schlecht, welche dann führt zu:
TI oder TYR = Auferstehung oder Erwachen aus dem Tod, der Sieg über den Tod. Das Erwachunen oder die Geburt des Stillen Selbst, Hoor-Paar-Kraat.

KAPITEL V:

NUIT UND HADIT

Die IS-Rune und die Konjunktion von NUIT und HADIT

In Nuit ist Hadit verborgen. Durch Hadit kann Nuit sich manifestieren.
Symbol der Is-Rune:
AL, I, 2: The unveiling of the company of heaven.
Heaven (Himmel) = 7+17+4+1+17+8 = 54/9. Heaven (Himmel) oder 54 ist die Konjunktion von Hadit (5) und Nuit (4).
"The unveiling of the company of heaven" bezieht sich auf die Menschen, welche die Konjunktion von Nuit und Hadit in sich selbst realisiert haben.
Nuit (=4) + Hadit (=5) = 9 = IS
31 (Nuit) + 41 (Hadit) = 72/9 = IS
Die IS-Rune ist das reine oder wahre ICH, I AM (ich bin), reines Sein, die höchste Auswirking der IS-Rune.

"My word is fifty and six"

50/5 = Hadit, und six = KA.
Die Doppelnatur von Hadit, vereinigt (= KA) im 8-blättrigen Lotus, dem geheimen Zentrum, verborgen im Herz-Chakra (NUIT = achte Rune NOT/NAUT).
RIT (5) + KA (6) = 11 oder SIG, das Licht von Khabs (47/11)
50 = 5 ist Hadit, 0 (Vokal) = 4 = Nuit
6 = Vereinigung = KA oder die Konjunktion von Nuit und Hadit.

Die Vereinigung von KA

Das Symbol für KA (links):
22 (Nuit) + **44** (Hadit) = **66,** zwei KA-Runen.
66/12 = TYR - Das Symbol für TYR (rechts):
Zwei KA-Runen vereinigt, ergeben ein drittes KA oder magisches Kind.

= das Symbol für Kind. (Symbol für 2 Ka's vereinigt und das andere Symbol des Ka)

Zusammen mit dem dritten KA ergibt sich **666** oder 18, die GIBOR-Rune, die Rune der Gnostischen oder Mystischen Ehe.

Zwei KAs, Rücken an Rücken, erzeugen die MAN-Rune, den Körper, der bereit ist, um "Khabs" oder das Blitz-Licht von SIG zu empfangen. Dies ist auch ein Hinweis auf die wahre Natur des Menschen (MAN = engl. Mensch).

Siehe Zeichnung, 2 Ka's Rücken gegen Rücken:
Khu = 6+7+2 = 15, MAN

Khabs = 6+7+10+13+11 = 47/11, SIG
AL, I, 8: The Khabs is in the Khu, not the Khu in the Khabs.
AL, I, 9: Whorship then the Khabs, and behold my light shed over you.

Das <u>Khu</u> ist die magicksche Entität des Menschen, eine Art Vehikel, das erschaffen werden muß. Mit den durch die MAN-Runen-Übung freigesetzten Kräften wird diese Erschaffung möglich. Wenn dieses Vehikel bereit ist, zieht das im Khu befindliche Khabs das Licht von Nuit (oder den Blitz = SIG) an.

Das <u>Khabs</u> ist das geheime, innere Licht, das sich im geheimen kleinen Zentrum (Goldenes Inneres Licht, der Ort des Heiligen Schutzengels) des vierten- oder Herz-Chakras befindet, welches geweckt werden muß (Konversation mit unserem Heiligen Schutzengel), welches das korrespondierende Licht von Nuit anzieht („... my light shed over you).

AL, II, 2: Khabs is the name of my house.
AL, II, 6: I am the flame that burns in every heart of man.
AL, I, 14: Above (= firmament), the gemmèd azure is the naked splendour of Nuit.

Eine der Funktionen der MAN-Runen-Übungen, Asana und Mantram (mmmmmmaaaaaannnnn), ist Energie aus der himmlischen Sphäre, aber auch aus dem Raum (the firmament) anzuhiehen.

Die MAN-Rune ist das Zeichen des Menschen, doch symbolisiert sie eher seinen göttlichen Aspekt. Sie ist auch das Symbol der Vereinigung von Mann und Frau. Vereinigung und insbesondere sexuelle Vereinigung von Mann und Frau (Sex-Magick) gehört zur KA-Rune, aber auch zur GIBOR-Rune in Bezug auf die Gnostische- oder Mystische Hochzeit. Zwei KAs (die Symbole), Rücken an Rücken gestellt, erzeugen die MAN-Rune.

Die MAN-Runen-Übungen begünstigen auch die Transformation sexueller Energien. Samen (Spermien), eine der wichtigsten Bestandteile des Äons des Horus, vor allem sein göttlicher Aspekt, gehört zur MAN-Rune.

66 = 12 oder TYR. Das Symbol für Tyr:
Der aus den Tod auferstehende Gott OSIRIS. Die Auflösung oder der Tod des EGO (das falsche Ich) und das Wiedererwachen des innerem Gottes, unserer wahren Natur!

Der Empfang des Liber AL

Das Buch des Gesetzes wurde im Zeitabschnitt der RIT-Rune (5) diktiert.

Nuit:	**8-4-190<u>4</u>**	= 26/**8**	N (ot)
Hadit:	9-4-1904	= 27/9	I (s)
Horus:	10- 4-1904	= <u>28</u>/10	A (r)

81/9 – umgekehrt = 18 = GIBOR

9 oder IS ist die Wurzelrune von "Beast" und auch von "Babalon". Die Konjunktion des Biests (die weibliche Form von IS) mit Babalon(IS-Rune) = 18 oder GIBOR. Aber auch eine KA-Rune auf ihrem Rücken. Diese auf dem Rücken liegende KA-Rune zeigt die Sex-Stellung für das Biest und Babalon. Das Biest liegt im Asana der weiblichen IS-Rune (es ist wichtig, daß der Weg des Spermas nach oben geht), und Babalon nimmt die Form der männlichen IS-Rune ein.

(Wir, Männer und Frauen, sind eine Kombination aus sowohl männlichen wie weiblichen Energien. Der Mann muß seine innere Frau und die Frau ihren inneren Mann entdecken. Daher ist die Fusion der männlichen und weiblichen Energien in einer einzigen Person ein anderer wichtiger Aspekt der Konjunktion von Nuit und Hadit.)

81 ist umgekehrt 18, GIBOR, die Rune der Gnostischen oder Mystischen Ehe und 666.

NIA oder AIN, ein Teil von Coph Nia.

Der gleichlautende hebräische Buchstabe entspricht unserem O = NUIT.

28 = der Geburtstag von Lilith, dem ersten Kind von Aleister Crowley und Rose Kelly.
   = U (=2) N (=8) oder umgekehrt NU.
   = Law (Gesetz)
   = dove (Taube)

AL, II, 1: Nu! the Hiding of Hadit.

Nu ist Niederländisch für JETZT: Im Jetzt-Moment, dem Heute, ist Hadit verborgen.

HAD-IT = had it, hatte es: Wir hatten es bei unserer Geburt und haben es durch unsere Konditionierung verloren... (s. auch „Hadit und die NOT-Rune", Kap. IV).

AL, I, 6: Be thou Hadit, my secret centre (= 8 oder NOT), my heart (der Platz des geheime Zentrum, ist der 12-[= TYR] blättrige Lotus, das Herz-Chakra) & my tongue (= 4, OS und OTHIL, die Sprech-Runen [siehe auch „Nuit und die OS- und OTHIL-Runen", Kap. II]). Diese Kondition = der level des Bewusstsein = die Konjunktion von Nuit mit Hadit welche die Kraft oder Meisterschaft über die Sprachfähigkeit schenkt.

AL, I, 10: Let my servants be few & secret: they shall rule the many & the known.

Dies ist die Regel von Thelema, daß seine Adepten die unerkannten Herrscher sein sollen. Die Diener, welche die Konjunktion von Nuit und Hadit realisiert haben, haben das Licht über sich ausgeschüttet, im diesem Fall sind sie sich bestimmter Wege zum Macht bewußt.

KAPITEL VI:

HOOR-PAAR-KRAAT

HOOR-PAAR-KRAAT BESTEHT AUS ZWEI RUNEN:

UR (2)	LAF (14)
ᚱ	ᚱ

UR UND HOOR-PAAR-KRAAT

Hoor-Paar-Kraat = 101/2, die UR-Rune (siehe auch bei Hadit).

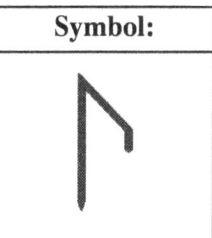

Symbol:

= Bisexuell, weiblich und männlich.
= Die Ursprüngliche Mutter.
= Eis oder Kristall, welche aufbrechen müssen, damit das Leben herauskommen kann, das eingefrorene oder inaktive Feuer, das „Kind im Blauen Ei", das nicht geboren werden will. Das noch nicht manifestierte Muster der Materie.
= Das Ungeborene, die noch nicht existierenden Dinge, die ursprünglichen Bilder aller Dinge und Ereignisse.
= Der Raum von Ur enthält die Wurzeln des Lebensbaumes (= das Rückgrat). Die Wurzeln befinden sich am Ort der zwei unteren Chakras, dem Muladhara und Svadhistana.
Im ersten Chakra befindet sich die Kundalini-Schlange, mit dem Schwanz in ihrem Mund auf ihre Erweckung wartend.
Das zweite Chakra ist das Zuhause des Stillen Selbst.

= Symbol für die Unterwelt, das Zuhause von Osiris, dem Vater von Horus.
= Todes-Ruhe, Stille.

Die Drei Namen			
HOOR 20/2	**PAAR** 38/11	**KRAAT** 43/7	= 101/2 = UR
ᚢ	ᛋ	ᚼ	
UR	SIG	HAGAL	

Hoor: 20/2, UR

= Die Haltung (Asana) von Nuit auf der Stele der Offenbarung.

Hoor besteht aus HOOR (niederländisch für höre), und OOR (niederländisch für Ohr). Die Übungen der UR-Rune öffnen die Ohren und die innere Ohren, was es möglich macht, die Botschaften, die Worte der Götter zu hören. Das *Liber AL* wurde gehört.

= Hoor kann auch eine Kombination sein aus HO (= HAGAL) und OR (= Ur). Die realisierte Harmonie (= 7 = HAGAL) = die Auflösung der Dualität (= 2 = UR), die es möglich macht, den Klang von RA, der Sonne, zu hören, oder den Laut der Bewegung unseres eigenen Sterns zu vernehmen.

2 ist eine passive Zahl.

Paar: 38/11, SIG

Zwei Einsen, die Zwei von Hoor wird aktiv.

Paar oder paaren: Zwei Einsen, die zusammen arbeiten und eine Einheit (UNIT) formen; UNIT ist ein Anagram von Nuit.

Kraat: 43/7 = HAGAL = Harmonie

K = die KA-Rune = 6 = können, Meisterschaft.

RAAT = das Rad, = RIT = 5

KRAAT = Jene, die Meister (= KA) des Rades (= RIT) oder der Rotation des eigenen Sterns werden.

5 (RIT) + 6 (KA) = 56, "My number is fifty and six"!!

6+5 = 65, Das Anzahl der Seiten des *Liber-AL*-Manuskripts.

101 ist auch 20; 1+1 = 2 + 0 = 20

20 ist 2 x 4

4 = 0 (Vokal), die zwei Runen, welche zu 4 gehören

8 = die zwei O-Runen vereinigt, (= 6 oder KA) = 00 oder 8

= Meisterschaft (= 6 = KA) über das Karma (= 8 = NOT). Karma wird auch das Karma-Rad (= 5 = RIT) genannt.

101, zwei Einsen, welche Null werden: 1 x 0 x 1 = 0 = 4 = Nuit.

LAF UND HOOR-PAAR-KRAAT

Hoor-Paar-Kraat (oo = 4, aa = 10) = 77/14, die LAF-Rune.

Symbol:
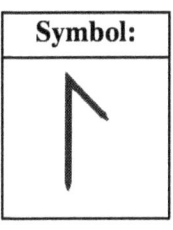

= Die Unterwelt, das Totenreich, Osiris.
= Das Wasser der Unterwelt, wo das Schiff (Schiff = Naus oder Nuit) der Toten hinfährt. Eine Seebestattung.
= Der Logos, Ursprüngliches Gesetz.
= Er, der über dem Wasser brütet: "Das Kind im Blauen Ei", Hoor-Paar-Kraat, sitzt auf einem Lotus, der auf dem Nil treibt. Das Ausbrüten des Blauen Eies, um zum aktiven Feuer oder Blitzlicht von SIG zu werden.

Hoor-Paar-Kraat ist auch mit dem Symbol der Zwerge verbunden. Durch die AR- und KA-Rune kann sich dieser Zwerg manifestieren. Wann wir beide Runen verbinden, bekommen wir die EH-Rune, die Rune der Zwillingsseelen mit dem Ziel der Vereinigung.

KA +	AR =	EH
ʀ	ʌ	✝

= Einweihung, überflutet werden, ein Wasserfall.
= Der ätherische Teil des Menschen.

In 14, in LAF, repräsentiert Hoor-Paar-Kraat das höhere Selbst, den Heiligen Schutzengel, und befindet sich im geheimen 8-blättrigen Lotus im Herz-Chakra.

HOOR	**PAAR**	**KRAAT**	
16	28/10	33/6	= 77/14
人	ʌ	⋈	
YR	AR	DAG	

HOOR = 16, die YR-Rune, ein anderer Name für YR ist EIHWAS oder Aiwass, "the minister of Hoor-Paar-Kraat", derjenige, der das *Liber AL* diktiert hat. Das *Liber AL* wurde gehört, HOOR ist das niederländische Wort für höre.

PAAR = 28/10 = AR, die Wurzelrune von NU, N = 8, U = 2, symbolisiert NU, das Niederländische Wort für JETZT, was die einzig richtige Zeit ist.

AL, II, 1: Nu! The hiding of Hadit. – Im JETZT-Moment ist Hadit verborgen!

AL, I, 1: Had! the manifestation of Nuit. – Durch Hadit, im JETZT-Moment, kann Nuit sich selbst manifestieren.

KRAAT = 33, zwei Dreien = der Doppel-Dorn oder DAG. DAG = Kenntnis von Leben und Tod bekommen. 33 = 3 x 11(ABRAHADABRA).

KAPITEL VII:

RA-HOOR-KHUIT

RA-HOOR-KHUIT BESTEHT AUS ZWEI RUNEN

Ra-Hoor-Khut 62/8 = NOT	EH
ᛏ	ᛏ

Ra-Hoor-khuit 71/8 oder umgekehrt 17, EH, die Rune der Zwillingsseelen.

RA-HOOR-KHUIT UND DIE NOT-Rune

RA -	HOOR -	KHU(I)T	
15	20/2	27/9	= 62/8
		36/9	= 71/8, umgekehrt 17

= Das Feuer, das im Herzen des wiedergeborenen oder neugeborenen Menschen aufflammt. Aufbauende Aktivität, Aktion.

= Aufopferung, Dienstbarkeit, Hingabe.

= Das Kosmische Gesetz, das Karmische Gesetz von Ursache und Wirkung.

Das Erwecken der NOT-Rune erzeugt eine neue Kraft im menschlichen Geist und öffnet den geheimen Kanal im menschlichen Herz. NOT oder NAUT ermöglichen Dir den Kontakt zu den "Secret Chiefs", dem Weltengeist.

Anubis, der Meister der Herren des Karmas; auch er kann mit der NOT-Rune konsultiert werden.

Ra-Hoor-Khut (8) + Ra-Hoor-Khuit (8) = 16, die YR-Rune.

YR ODER EIHWAS (= AIWASS)

Die Wurzeln des Lebensbaums, die sich in den zwei unteren Chakras befinden. Wenn diese beiden in Harmonie sind, dann wird 16 zu 7, die HAGAL-Rune, die Geburt des „Mannes der Erde" (Man of Earth).

Die Geburt des „Mannes der Erde" ist der Übergang zum dritten Chakra. Das Niveau dieses Chakras gehört zur "Himmlischen Sphäre" = „Company of Heaven". Alle Möglichkeiten und Qualitäten von Horus, dem Kind, sind in diesem Chakra verborgen. Seine exoterische Manifestion ist **Ra-Hoor-Khuit.**

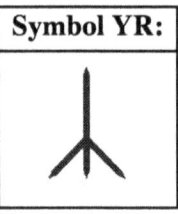

Symbol YR:

Hoor-Paar-Kraat (101/2, UR) erhebt sich und geht über in die LAF-Rune (77/14), wo das Ausbrüten beginnen kann, so daß Initiation (Einweihung) möglich wird, um die Zweite Harmonie, ein zweites HAGAL zu erlangen. 77 ist ein doppeltes HAGAL.

7 x 7 = 49.

AL, I, 49: "Hoor in his secret name and splendour is the Lord Initiating."

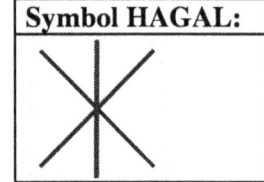

Symbol HAGAL:

RA-HOOR-KHUIT – IN VERSCHIEDENE RUNEN AUFGETEILT

RA 15	HOOR 20/2	KHUIT 36/9	(KHUT = 27/9)
Y	↑	|	
MAN	UR	IS	

RA: 15 = MAN

Die Wurzelrune von KHU = den Körper vorbereiten, um Khabs zu empfangen.

RA ist auch eine Form von RIT, der Sonnen-Wagen ohne den Fahrer, oder das Sonnenrad.

RA umgekehrt ist AR; die AR-Rune, der Abgesandte des Himmels, Meisterschaft oder Fahrer des Wagens.

HOOR: 20/2 = UR

OOR = Ohr, HOOR = hören.

= Die Vereinigung von HO (= HAGAL) und OR (= UR); in der realisierten Harmonie (= HAGAL) können wir den Klang (= UR) der Rotation von RA (die Sonne) oder die Bewegung unseres eigenen Sterns hören.

KHU(I)T: 36/9 = IS

Khut und Khuit sagen uns etwas über die Arbeit (Sex-Magick) des „Biestes" und „Babalon". Die Fusion der beiden ist 18 oder die GIBOR-Rune.

Jede Frau muß ihr „Biest" oder ihren inneren Mann entdecken. Und jeder Mann muß seine Babalon oder seine innere Frau entdecken. Das Ergebnis ist die Fusion männlicher und weiblicher Energien oder die Mystische Heirat, das höchste Geheimnis der GIBOR-Rune (18). Diese Fusion findet im sechsten Chakra, dem Sitz des „Willens" statt.

Dies allein zu versuchen ist ein schwieriges Unterfangen. Es ist einfacher, wenn es von zwei Personen, Mann und Frau durchgeführt wird. Dies invoziert den inneren Prozeß der Transformation, der oben beschrieben wurde.

KHU(I)T: = 36/9 oder 3x6 = 666!!!
(36/9 = 3, 6, 9 = 1x3, 2x3, 3x3 = 6x3 = 3x6 = 666)
= 18, GIBOR - Siehe Symbol rechts:
Beast = 63/9 = 3x6 = 666
KHUT = 27/9
Babalon = 72/9 (die das „Biest" reitet)

Die Hinzufügung des I (IS-Rune) zu Khut ist ein erigierter Penis, der ejakuliert, was die „Fontäne des Lebens" („fountain of life") symbolisiert.

Khut ist das niederländische Wort für Vagina (kut).

Khuit ist ein Penis in der Vagina.

(Siehe auch Kap. V, „Nuit und Hadit", Kap. XI, „Der Phallus", Kap. XIII, „Babalon und das Biest").

= K (= KA) + HUIT (=französisch für Acht): 6+8 = 14

= KHUT ist 27 oder zwei Siebenen: 7+7 = 14 = Initiation, das Ergebnis der Ejakulation eines der drei Phalli in unserem Körper (s. Kap. XI zu den drei Graden im Abschnitt „Der Phallus")

KHU-IT: Das Khu, das bereit ist, IT oder TI = TYR zu realisieren, den aus dem Tod erwachenden Gott (Osiris), TYR = Wiedergeburt im Geist.

TYR ist wie SIG eine Rune des Blitzes = KHABS.

AL, II, 64: ... prophet of Nu! prophet of Had! prophet of Ra-Hoor-Khu, ...

Prophet = Aleister Crowley, die Hauptfiguren aus dem *Liber AL* ohne IT oder TI. Das kann eine Andeutung sein, das IT oder TI noch nicht in ihm realisiert, aber schon als Potential vorhanden war.

12 (TI) Oktober 1875 (1875 = 21 oder IT).

AL, III, 11: „... Thou shalt thyself convey IT (= die TYR-Rune) with worship, o prophet, though thou likest IT (TYR) NOT (die Not- oder Naut-Rune). Thou shalt have danger & trouble. Ra-Hoor-Khu is with thee."

RA 15	HOOR 20/2	KHU 15	50/5 RIT
ᛉ	ᚢ	ᛉ	
MAN	UR	MAN	

50 = 5 (= Hadit)
+ 0 (= Nuit)

HERU-RA-HA – IN VERSCHIEDENE RUNEN AUFGETEILT

HERU 31/4	RA 15	HA 17	= 63/9 oder 6 x 3 = 666
◇	ᛉ	ᛂ	
OS/ OTHIL	MAN	EH	

HERU: 31/4 = OS/OTHIL

Die Wurzelrune von Nuit = Materie, Meisterschaft über das Sprechen, Prana (OD) und Atmen.
31 umgekehrt = 13, BAR, die Wurzelrune von Thelema. Das Symbol für Os:

RA: 15 = MAN

Die Wurzelrune von Khu, den Körper darauf vorbereiten, Khabs zu empfangen.
15/6 = KA = Meisterschaft.

HA: 17 = EH

Die Rune der Zwillingsseelen und ein umgekehrtes NOT; 1 + 7 = 8, Karma.

Meisterschaft (= KA) über die Materie und den Körper (= OS und OTHIL) ist die notwendige Voraussetzung für die Vereinigung der Zwillings- (oder Dual-)seelen bzw. die Zwei Schlangen, die dann die Meisterschaft über das Karmische Rad verleihen. Dann erst ist man in der Lage, das eigene Leben, die eigene Zukunft in Übereinstimmung mit dem eigenen Wahren Willen zu erschaffen.

KAPITEL VIII:

NUIT, HADIT & HORUS

AL, II, 19: ... who sorroweth is not of us.

AL, II, 20: Beauty and strength, leaping laughter and delicious languor, force and fire, are of us.

AL, II, 21: We have nothing with the outcast and the unfit ...

... stamp down the wretched & the weak: this is the law of the strong: this is our law and the joy of the world ...

... The **S**un, **S**trength & **S**ight (SSS = 33 = .Abrahadabra = DAG), Light (33 + 14 = 47/11 = Khabs): these are for the servants of the Star (38/11) & the Snake (52/7 oder 46/10).

AL, III, 22: "The other images group around me to support me: let all be worshipped, for they shall cluster to exalt me. I am the visible object of worship; the others are secret; for the Beast & his Bride are they: and for the winners of Ordeal X. What is this? Thou shalt know.

"the visible object of worship": Die Energie von Horus korrespondiert mit den Energien des Manipura-Chakras. In diesem Chakra ist es möglich, uns selbst in der Welt zu manifestieren, nach etwas zu streben. Es ist die Energie, ein Jemand, ein EGO zu sein, doch wenn die höheren Chakras entwickelt sind (the other images group around me to support me) und man dann zum dritten Chakra zurückkehrt, ist das eine vollständig andere Art vom Energie (for they shall cluster to exalt me).

„Ordeal X": X ist ein Symbol für Gifu und gehört zu GIBOR, der Rune der Mystischen Ehe (the beast and his Bride). Gifu bedeudet Geschenk und/oder Belohnung ... AL, III, 1: Abrahadabra; the reward (= Belohnung) of Ra-Hoor-Khut.

AL, I, 24: I am Nuit, and my word is six and fifty.

AL, I, 25: Divide, add, multiply and understand.

5 = Hadit	
0 = Nuit	
+	
6 = Die Vereinigung (KA) von Hadit und Nuit = können = in der Lage sein zu wollen!	

56/11, SIG, der erleuchtende Blitz von Horus. Das Symbol für SIG:
AL, I, 9: ... my light shed over you
6:50 = 0, 12 Das Symbol für TYR:

Nuit (4) + Hadit (8) 12, oder 22 + 44 = 66/12
Nu (10) + Ha (11) = 21, oder umgekehrt 12
IT, das Suffix von NuIT, HadIT und Ra-Hoor-KhuIT = 21 oder 12.
0 = Symbol für OS = 4, das vierte Chakra, der 12-blättrige Lotus.

TYR wird verwendet, um die Toten zu erwecken, um den Tod zu besiegen, um aufzuerstehen, die Wiedergeburt im Geist. In diesen Fall hat das etwas mit Osiris zu tun, dem Vater von Horus, mit seiner Wiederauferstehung. Horus ist der Vergelter seines Vaters.

6 x 50 = 300/3, THORN, der Lebens-Dorn, Symbol für das Erwachen und Aktion, die Kraft zu wollen. Th ist der erste Buchstabe von Thelema.
Das Symbol für Thorn:

KAPITEL IX: SIRIUS, DER HUNDSSTERN

NUMEROLOGIE

AL, II, 19: Is a God to live in a Dog? No! but the highest are of us.
SIRIUS: 11+9+5+9+2+11 = 47/11 SIG
Die anderen Namen für Sirius: SOTHIS: 11+4+3+9+11 = 38/11 SIG
SEPTET: 82/10, 8 = N
2 = U

SEP'TI: 62/8 NOT oder NAUT-Rune.
SOPDET: 60/6 KA
63/9 (D = 3+3) oder 6 x 3 = 666

ASTROLOGIE UND MYTHOLOGIE

Sirius gehört zum Sternbild Canis Major, Großer Hund, und befindet sich im Sternzeichen Cancer.

Im Alten Ägypten war Cancer (Krebs) das ersten Zeichen im Zodiak, da Sothis sich ganz in der Nähe von Cancer befand.

Wenn die Sonne im Krebs steht, sieht man auf dem Krebs-Wendekreis 30' vor Sonnenaufgang und 30' nach Sonnenuntergang ein Zodiakales Licht, deren Strahlen in allen Farben des Regenbogens eine Große Pyramide formen.

Cancer = Krabbe oder Käfer. Der Skarabäus oder Khephra ist das Symbol für die Ewigkeit, das kosmische Werden. Der Käfer kommt aus dem schlammigen Nichts, mit einer Sonnenscheibe zwischen seinen Beinen. Diese Scheibe gehört zu RIT und Hadit.

Das Sirius-System ist als das Land der Fische bekannt. Das Sirius-System ist das Zentrum (Mitte) des Kosmos. In einem anderen Kapitel zeige ich die Verbindung zwischen Horus und dem dritten Chakra, der Mitte des menschlichen Körpers, auf.

Sirius wird Bogen-Stern genennt; der Pfeil ist ein Symbol für Nuit. Die Bewohner von Sirius sind fisch- oder amphibienähnliche Kreaturen. Einer von diesen wurde Oannes genannt; Aleister Crowley assoziierte sie/ihn mit NU. Diese Kreaturen könnten sowohl auf dem Land als auch im (tiefen) Wasser (=Unterbewußtsein) leben.

Im alten Ägypten nahm man an, daß Sirius die rhythmischen Zyklen der Erde bestimmt und dem Lauf der Zeit seinen Stempel aufdrückt. In der altägyptischen Astrologie war Nuit die Königin des Firmaments im Äon der Fische.

AL, I, 64: ... I am the naked brillance of the voluptuous night-sky.

AL, I, 14: Above, the gemmèd azure is The naked splendour of Nuit.

AL, I, 13: I am above (Firmament) and in you (Nu, der kosmische Ozean).

AL, I, 16: ... the stooping starlight.

AL, I, 22: ... Since I am Infinite Space, and the Infinite Stars thereof ... (22 ist ein doppeltes SIG (Horus), das Symbol für Aquarius ist eine doppelte weibliche SIG-Rune).

AL, I, 27: ... Queen of Space ... O, Nuit, continuous one of Heaven ...

AL, I, 28: None, breathed the light, faint & faery, of the stars, and two. Two = Nuit, Königin des Firmaments + Nu, der kosmische Ozean.

AL, I, 57: Invoke me under my stars!

Crowley betonte, daß Anfang und Ende der astrologischen Zyklen nicht notwendigerweise mit Anfang und Ende der Äonen (Isis, Osiris, Horus) übereinstimmen.

Dies kann zu folgenden zwei Schlußfolgerungen führen.

1. Die Energien von Sirius, die durch Nuit symbolisiert werden, haben seit 1904 einen größeren Einfluß auf die Erde, oder

2. das Fische-Zeitalter ist noch nicht vorüber, und 1904 begann die Wassermann-Periode als Teil dieses großen Fische-Zeitalters.

Horus ist der Rächer seines Vaters Osiris. Somit ist die Geschichte von Osiris noch nicht zu Ende, und ich glaube, dies ist leicht belegen: In der gegenwärtigen Welt gibt es immer noch Millionen von Menschen, die an Schuld- und Selbstaufopferungsgefühlen leiden (Osiris). Auf der anderen Seite beginnen mehr und mehr Leute, spirituell an sich selbst zu arbeiten. Damit wird offensichtlich, daß wir in einer Zeit gemischter Einflüsse leben und daß dies eine Übergangsperiode ist.

Viele Autoren haben über die Dauer, den Anfang und das Ende von Äonen geschrieben, in unserem Jahrhundert besonders über das Wassermann-Zeitalter. Alle treffen sie verschiedene Aussagen. Ich weiß nicht, wer von ihnen oder ob überhaupt jemand recht hat, aber eigentlich ist mir das auch egal. Wir leben JETZT, was eine der wichtigsten Botschaften von Nu ist!

Die Zahlen, die mit Sirius verbunden sind: 50 (die Argo**NAUT**en) und 60 (die 60 Steine von Stonehenge), „My word is six and fifty"!?

60 (= 6 = KA) ist eine Periode von 60 Jahren, bestehend aus 3 Zyklen von 20 Jahren. Alle 20 Jahre findet eine Konjunktion von Jupiter und Saturn statt, und alle 60 Jahre formt dies ein Großes Dreieck. In der Ägyptschen Mythologie ist alles doppelt: 60 x 2 = 120 oder 12 = TYR.

50 hat auch eine Beziehung zu Anubis, dem Wachhund des Sirius-Systems = Zeit Chronos = Saturn. Er ist auch ein Sohn von Osiris (und Nephthys). Aber Anubis ist auch der Meister

der Herren des Karma und gehört zur NOT- oder NAUT-Rune. ANUbis wurde auch ANPU oder ANU genannt, was übereinstimmt mit Anda, einer Form der NOT-Rune. AN = Himmel oder Firmament = NU oder Nuit.

In die NOT-Rune ist das Mysterium des Karma verborgen, das gemeistert werden muss.

Der Wolf (Fenris-Wolf) ist das europäische Substitut für Schakal. Der Hüter der Schwelle muß überwunden werden. 50 ist die Konjunktion von Hadit (5) und Nuit (0). Die Bedingung für die Überquerung. Wie der Fenris-Wolf Odin verschlang, so verschlang Chronos (= Saturn) seine Kinder (= die niedrigen Instinkte, Emotionen, die man überwinden und aufgeben muß, um einen höheres Niveau (= Transformation) zu erreichen.

Die Hieroglyphe, die für Sothis oder Sirius verwendet wurde:

Das Dreieck (oder der Zahn), welches für Sothis verwendet wurde, kann auch ein Dorn, die THORN-Rune sein. Das Symbol neben dem Dreieck kann ein Sonnenuntergang mit einem fünfzackigen Stern am Hiummel sein.

AL, I, 60(!): „... The Five Pointed Star, with a Circle in the Middle, & the circle is Red...

Isis und Osiris: Der ägyptische Name für Osiris ist As-Ar oder Us-Ar. Es ist möglich (ich bin nicht sicher), daß sie Isa und Asar sind.

AL, I, 49: Abrogate are all rituals, all ordeals, all words and signs. Ra-Hoor-Khuit hath taken his seat in the East at the Equinox of the Gods, and let Asar be with Isa, who are also one. But they are not of me. Let Asar be the adorant, Isa the sufferer; Hoor in his secret name is the Lord initiating.

Der ägyptische Name für Sirius ist SPD oder SPDT, und wird Sept ausgesprochen, was schwanger sein oder Schwangerschaft bedeutet.

HORUS, HISTORISCH

Horus ist der Sohn von Osiris und Isis (Bruder und Schwester). Osiris hat einen himmlischen Vater, Ptah, und eine irdische Mutter, Nuit. Es ist mir bis heute ein Rätsel, warum die Thelemiten Nuit als Mutter von Horus bezeichnen.

Horus als Hoor-Paar-Kraat oder Harpocrates korrespondiert mit den Energien von Isis, seiner Mutter.

Der ältere Horus, der Rächer seines Vaters Osiris, stimmt überein mit den Energien von Osiris.

Im Sternbild Taurus befindet sich eine Gruppe von Sternen (ORION oder der Riese), die aus **ACHT** Sternen besteht. Horus der Riese, stammt von ORION, und seine Hieroglyphe ist der Falke. Der Falke von Horus ist das Symbol für die Auferstehung vom Tod, welche die höchste Auswirkung den TYR-Rune ist. Horus = werden.

KAPITEL X: DIE KA-RUNE UND DAS KIND DES PROPHETEN

REFERENZEN

AL, I, 15: ... and **IN** his woman called the Scarlet Woman is all power given.

AL, I, 17: But ye are not so chosen (A.C. und R.K.)

AL, I, 22: I am known to ye by my name Nuit, and to him (A.C.) by a secret name which I will give him when at last he knoweth me ...

AL, I, 53: ... This shall regenerate the world, the little world my sister, my heart & my tongue, unto whom I send this kiss ...

AL, I, 55: ... The child of they bowels *he* shall behold them ...

AL, I, 56: ... Expect him not from the East, nor from the West: for from no expected house cometh that child. Aum! ... solve the first half of the equation. ... But thou hast all in the clear light, and some though not all, in the dark.

AL, II, 12: Because of me in Thee which thou knewest not.

AL, II, 13: ...for why? Because thou wast the knower, and me.

AL, II, 39: A feast for Tahuti and the child of the Prophet - secret, O Prophet!

(Tahuti = Thoth, der Bote oder Abgesandte der Götter, das Kind war der Bote oder "the Minister of Hoor-Paar-Kraat" Aiwass, derjenige, der das *Liber AL* diktiert hat!)

AL, II, 49: ... This is of the 4, there is a fifth who is invisible, & therein am I as a babe in an egg.

AL, II, 76: ... There cometh one to follow thee; he shall expound it. But remember, ... to be me, to follow the love of Nu ...

AL, III, 12: Sacrifice cattle, little and big: after a child.

AL, III, 13: But not now.

AL, III, 14: Ye shall see that hour, o blessed Beast and thou the Scarlet Concubine of his desire!
AL, III, 15: Ye shall be sad thereof.
AL, III, 24: ...The best blood is of the moon, monthly: the fresh blood of a **CHILD OR DROPPING FROM THE HOST OF HEAVEN** ...
AL, III, 34: ...another SOUL OF GOD and beast shall mingle in the globed priest; another SACRIFICE SHALL STAIN THE TOMB ...
AL, III, 43: ...I will slay me her child (das Opfer) ...
AL, III, 45: ... then will I breed from her a child mightier than all the kings of the earth ...
AL, III, 47: ...mysteries that no Beast shall divine ... but one cometh after him, whence I say not, who shall discover the Key of it all. Then this line drawn is a key: then this circle squared in its failure is a key also. And Abrahadabra. It shall be his child & that strangely. Let him not seek after this; for thereby alone can he fall from it."

Das Symbol für die KA-Rune:

Die KA-Rune

Symbole für die KA-Rune	
ᚠ	ᚲ
	Dieses Symbol wird für ein „Kind" verwendet.

Bedeutung

- Produktion, Erzeugung, Kreation
- Herkunft (abstammen), Nachkomme, Kind
- Sexualität, Phallus und Vagina
- Die Rune ist beides: männlich und weiblich
- Eine Licht-Fackel
- Kunst
- Die Rune des Königs, der Experte
- Die Rune des Meisters, der Magier, die höheren Mysterien
- Meisterschaft
- Können, in der Lage sein zu tun, was die notwendige Bedingung ist für "to do what thou wilt"
- Mut und sich trauen
- Nach dem Tod bleibt eine Art von Lebens-Fluidum im Grab zurück (Ägypten)
- Arkona, die Adler-Frau
- Die Vereinigung von zwei Personen, Mann und Frau

Die KA-Rune und das Liber AL

AL, III, 37: ... lighten the ways of the Ka ...

Aleister Crowley:

A. K. (C wird K ausgesprochen), umgekehrt = KA

Aleister Crowley = 10+14+17+9+11+12+17+5 (=95/14) + 6+5+4+2+14+17+16 (=64/10) = 159/15 = MAN

MAN ist die Wurzelrune von Khu, dem Körper, der bereit ist, Kabs zu empfangen. Die MAN – Rune:

Sein Geburtsdatum: 12/10/1875 = 43/7, HAGAL

 HAGAL. Die Rune des Führers zwischen Mikro- und Makro-Kosmos, die Vereinigung der männlichen und weiblichen Energien, das alles Umarmende. Der dazu gehörige Zeitabschnitt gehört zur BAR-Rune, der Wurzelrune von Thelema.

Sein Sterbe-Datum: 1/12/1947 = 34/7, auch HAGAL.

Das Datum seiner Beerdigung und Einäscherung: 5/12/1947 = 38/11, SIG!

 Seine Einweihung in den Golden Dawn: 18/11/1898 = 55/10, AR-Rune!

Ohne Jahreszahl: 18/11 = 29/11

55 ist auch die Zahl von Aiwass, oder ein doppelter Hadit. RIT-Rune!

666

666 sind die 3 Ks, die den Empfang des *Liber AL* (aus 3 Teilen bestehend) möglich machten:

Aleister **C**rowley

Rose (Quarda) **K**elly

Das ungeborene **K**ind in der Gebärmutter von Rose.

Zwei KAs, sich gegenüber stehend, formen ein neues Symbol.	
ᛘ	<

Die Kraft des Kindes oder des "Kindes im Ei" ist stärker, weil es der Anfang des Äons von Horus, dem Kind, ist.

Siehe Zeichnung: 2 KA's und das neue Symbol.

Das Symbol in der Mitte, ist auch eine Form der KA-Rune und stellt ein Kind dar.

Zwei KAs, Rücken an Rücken, formen die MAN-Rune:

Dies ist eine Haltung, um das Manna, das Kind der Götter oder ein magisches Kind zu empfangen. Das erste Kind von Aleister Crowley und Rose Kelly, ein magisches Kind, was in unserem Fall auch ein echtes Kind ist.

AL, I, 12: Fill of Love = Nuit, der Weg, um das höchste Wissen zu erlangen. Zwei KAs, Mann und Frau, die sexuell und aus Liebe mit einander vereinigt sind, um zum höchsten Wissen

(= KA) zu kommen und ein drittes KA (ein Kind oder ein magisches Kind) zu erschaffen, das Manna von Himmel, ein Kind der Götter oder „dropping from the host of heaven (AL, III, 24).

Es gibt einige Verwirrung um das Geschlecht des Kindes. Manchmal wird von ihm mit „er" (he) gesprochen, doch meiner Ansicht nach gibt es mehr verborgene Anzeichen dafür, daß es eine „sie" ist.

Ich habe das starke Gefühl (Intuition), daß dieses Kind die Schlüsselperson beim Empfang des *Liber AL* gewesen ist. Es ist die Hauptfigur, die zentrale Kraft hinter dem *Liber AL*. Das Äon von Horus, dem Kind – dieses Kind ist das erste menschliche Wesen, das mit den Energien hinter dem *Liber AL* in Kontakt kam.

Aleister Crowley und Rose Kelly wurden vor dem Äon von Horus geboren, im Äon von OSIRIS, dem Vater.

Sollte ich mich irren? Sie war absolut anwesend beim Empfang des *Liber AL*; es ist bekannt, daß ein Fötus alle Einflusse rund um die Mutter absorbiert, Kinder sind sensitiver als Erwachsene.

In der Zeit des Beginns von Rose Kellys Schwangerschaft, in ihren Flitterwochen, verbrachten sie eine Nacht in der **Ch**eops- oder Großen Pyramide, in der **K**önigskammer, in **K**airo = 666. Hier empfing sie das Kind der Götter.

Sie haben das *Liber AL* empfangen, als Rose 5 (= Hadit) Monate schwanger war. Exakt 5 Jahre nach der Geburt dieses Kindes findet Aleister Crowley das Manuskript vom *Liber AL* im Boles**K**ine-Haus wieder, um es letztendlich zu akzeptieren.

Dieses Kind, Nuit Ma Ahathoor Hecate Sappho Jezebel Lilith Crowley, wurde geboren am 28/07/1904 = 49/13, die BAR-Rune und Wurzelrune von Thelema, oder 4 die OS- und OTHIL-Rune, die Wurzelrune von Nuit, der erste Name des Kindes.

Sie wurde Lilith genannt = 13 = BAR-Rune:

Sie starb im Alter von zwei Jahren = UR, die Wurzelrune von Hoor-Paar-Kraat, dem "Kind im Ei", und die Haltung von Nuit auf der Stele. Crowley lehnte das Manuskript des *Liber AL* fünf Jahre lang ab. Daher konnte er nicht gewußt haben, daß dieses Kind, seine Tochter, als sie noch lebte, der Schlüssel dazu war.

Symbol für Ur:

AL, I, 15: (15 = MAN = Manna vom Himmel = das Kind der Götter)

Now ye shall know that the chosen priest & apostle of infinite space is the prince-priest the Beast; and **IN** (das ungeborene Kind in der Ge**BÄR** (!) mutter) his woman called the Scarlet Woman is **ALL** power given ...

AL, I, 17: (17 = EH, die Rune der Zwillingsseelen und Wurzel-Rune von Ha)

But ye are not so chosen.

Die Zwillingsseelen = Aleister Crowley und Rose Kelly. Das Kind ist mehr die Auserwählte, mehr als ein Teil der Eltern.

AL, I, 53: (53/8 = NOT = NUIT)

This shall regenerate the world, the little world (= Mikro-Kosmos) my sister (das ungeborene Kind, dessen erster Name Nuit war), **MY HEART & MY TONGUE**, unto whom I send this kiss.

AL, I, 54: (54/9 = IS, die Wurzelrune von "Beast")

...for behold! thou, o prophet shalt not behold all these mysteries hidden therein.

AL, I, 55: (55/10 hat den selben Zahlwert wie Aiwass, der Abgesandte von Hoor-Paar-Kraat, "das Kind im Ei"; 55 ist auch ein doppelter Hadit, der Hermes-Stab mit zwei Schlangen. 10 = AR = Nu.)
The child of thy bowels, he shall behold them.
AL, I, 56: (56/11 = SIG, Horus, das Kind. SIG ist auch die Wurzelrune von Sirius, dem Hundsstern, was auf ein Kind von Sirius hinweisen könnte)
Expect him not from the East, nor from the West: for from no expected house cometh that child. AUM! ...
Da ist nichts zu erwarten, das Kind ist schon da.
...All words are sacred and all prophets true; save only that they understand a little; solve the first half of the equation (das Geheimnis des Kindes) leave the second unattacked. But thou hast all in the clear light, and some, though not (NOT = NUIT = seine Tochter) all, in the dark (nuit ist das französische Wort für Nacht).
AL, II, 12: (12 = TYR, TI ist eine Form von TYR, umgekehrt = IT, das Suffix von NuIT, HadIT und Ra-Hoor-KhuIT, die höchste Form von TYR ist der aus dem Tod erwachende Gott. TYR braucht ultimates Durchhaltevermögen und Ausdauer = Perdurabo)
Because of me in Thee which thou knewest not (Nuit).
Sein erstgeborenes Kind Nuit, hat ihre Geburts-Sonne auf dem selbem Grad stehen wie Crowley seinen Aszendenten: 6° 50'' Löwe (beachte: Sechs und Fünfzig: six und fifty!!).
AL, II, 13: (13 = BAR, die Wurzelrune des Geburtsdatums seiner Tochter und Thelerna)
for why? Because thou wast the knower and me.
Aleister Crowley sah nicht, daß sein erstes Kind der Schlüssel war.
AL, II, 15: (15 = MAN, das Manna vom Himmel, das Kind der Götter)
The Empress (Rose) and the King (Crowley) are not of me (Sie haben das Manna von Himmel empfangen, aber sie gehörten nicht zur Ebene der Götter): for there is a further secret.
Secret (Geheimnis) = verborgen, eine Eigenschaft von TYR = das Kind (das Geheimnis)
AL, II, 37: (37/10, AR, die Wurzelrune von Nu, Aiwass (55/10), Tahuti (46/10) und Thoth (10))
A feast for the first night of the Prophet and his Bride.
Die Nacht, die sie in der Königskammer der Großen Pyramide verbrachten, und ein Fest für das, was sie damals empfangen haben, einen Boten der Götter.

AL, II, 39: A feast for Tahuti and the child of the Prophet – secret, O Prophet!
Das bestätigt meine oben stehende Behauptung.
AL, II, 49: (49/13 = BAR, ein Bezug zu Thelema und zu seiner Tochter)
...this is of the 4 (Nuit, Hadit, Hoor-Paar-Kraat und Ra-hoor-Khuit):
there is a fifth who is invisible (in der Gebärmutter) & therein am I as a babe in an egg.
AL, II, 76: (76/13 = BAR = Thelema und seine Tochter: Die Essenz dieses Verses muss etwas mit seiner Tochter zu tun haben)
... 4 6 3 8 A B K ...
What meaneth this, o prophet? Thou knowest not (= Nuit, seine Tochter), nor shalt thou know ever (auch ein Bezug zu Nuit). There cometh one (NU = 10/1 = FA, die/der Erstgeborene) to follow thee, he (durch Aiwass) shall expound it. But remember, o chosen one, to be me, to follow the love of Nu (seineTochter, in der Form von Aiwass, dem Boten der Götter).

AL, III, 12: Sacrifice (gehört zu 12, TYR) cattle (= FA, 1) little and big after a child (die Erst = FA-Geborene, seine Tochter).

Dies sollte nach der Geburt seines ersten Kindes mit Rose getan werden. Es kann sein, daß Crowley die hier geforderte Opferung nicht vorgenommen hat. AL, III, 71: Hail! ye twin warriors ... for your time is nigh at hand. – Diese Zeit war die Geburtszeit von Crowleys Tochter.

AL, III, 13: (BAR, die Wurzelrune des Geburtsdatums seiner Tochter)

But not now.

Mit der Geburt seines ersten Kindes mit Rose. Dieses Kind war „the dropping of the host of heaven". Wenn meine obigen Annahmen richtig sind, dann nahmen die himmlischen Heerscharen ihr Geschenk wieder zurück. Es mußte das eingeforderte und nicht gegebene Opfer ersetzen.

AL, III, 14: (14 = LAF, ein Bezug zur Unterwelt, Amenta; und ein Begräbnis, eine See-Bestattung)

Ye shall see that hour, o blessèd Beast and thou the Scarlet Concubine of his desire!

AL, III, 15: Ye shall be sad thereof.

Die beiden, oder Crowley, wußten nicht, welches Kind gemeint war. Sie haben ihr Kind völlig übersehen. Die Verse 14 und 15 komplettieren meine Argumentation.

AL, III, 43: (43/7 HAGAL, in diesem Fall ein gefallenes HAGAL, Tod und Vernichtung).

"Let the Scarlet Woman (114/6 = KA, in diesem Fall eine gefallene KA, was Degeneration, nicht können, nicht in die Lage sein zu tun und gesunkenes Wissen, bedeutet) beware! If pity and compassion and tenderness visit her heart, if she leave my work to toy with old sweetnesses, then shall my vengeance be known. I will slay me her child ..."

Ihre Liebe zu Aleister Crowley und dessen Anwesenheit brachte Rose Kelly auf höhere Bewußtseinsebenen, so daß sie höhere Seins-Schwingungen aussenden konnte, die sie dazu befähigten, die „Scarlet Woman" zu werden und das dritte KA zu erlangen. Crowley verließ sie und ihre Tochter in den Tropen, wo sie auf die Bewußtseinsstufe zurückfiel, auf der sie war, bevor sie Crowley kennenlernte. Während ihrer Heimreise starb das Kind an einer tropischen Krankheit. (Die abgebrochene Harmonie wird durch das gefallene HAGAL angezeigt).

Die Energien der Zwei KAs: Aleister Crowley und Rose Kelly, müssen in Harmonie (HAGAL) sein, um das Dritte KA zu behalten. Disharmonie (ein gefallenes HAGAL) ist nicht das richtige Klima für das Kind zum bleiben.

AL, III, 34: 34/7 = HAGAL (siehe oben).

...another sacrifice shall stain the tomb...

AL, III, 45: (45/9 = IS, 4 (Nuit) + 5 (Hadit), die Wurzelrune von "Beast" und "Babalon", sie, die das Biest reitet = 18, GIBOR).

Then will I lift her (Rose) to the pinnacles of power (Babalon): then will I breed from her a child mightier then all kings of the earth (bezieht sich auf die verborgenen Fähigkeiten des Kindes).

AL, III, 47: (47/11 = SIG, Horus, das Kind von Sirius. In diesem Vers gibt es Anzeichen, daß "the ONE" eine weibliche Person ist).

...In these are mysteries that no **Beast (männlich)** shall divine. Let **HIM** not seek to try, but one (= FA, die Erstgeborene) cometh after him.

Kein Biest (Beast) oder kein Er, aber vielleicht eine SIE, seine Tochter oder eine Reinkarnation von ihr.

...whence I say not, who shall discover the Key of it all.

Nuit, die alles umarmende, seine Tochter.

It shall be his child and that strangely. Let him not (= Nuit) seek after this, for thereby alone can **HE FALL FROM IT.**

Das Kind war schon da; es war nicht nötig, es zu suchen. Sie hätte alle Antworten gehabt.

AL

A = 10
L = 14   (10 + 14 =) 24/6 = KA.

Die KA-Rune kann ein Schlüssel zum *Liber AL* sein. Ich arbeite mit diesem Schlüssel, und er liefert mir sehr bemerkenswerte Ergebnisse.

24 = 2 (= UR = Hoor-Paar-Kraat "the Babe in the Egg") + 4 (= OS und OTHIL = NUIT).

Diese Kombination kann ein Hinweis sein, daß das Kind, die Tochter von Aleister Crowley und Rose Kelly, Hoor-Paar-Kraat, das "Kind im Ei" ist. Ihr Geburtsdatum, 28/07/1904, ist der Beginn des Horus-Zeitalters.

AL, III, 71: Hail! ye twin warriors (71 umgekehrt ist 17 = EH, die Rune der Zwillingsseelen) about the pillars of the world! for your time is nigh at hand.

ALLALA, das Wort von Frater Achad, ist 666. Die Formul des Vaters (6), der Mutter (6) und des Kindes (6). Die Summe ist die GIBOR-Rune, der erzeugende Gott, ein Gott werden, der verwirklichte Gott. Symbol für Gibor:

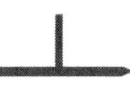

Gibor ist auch die (sexuelle) Vereinigung des Biests (Beast = 9) mit Babalon (9). Siehe Zeichnung:

GIFU, eine Form von GIBOR = ein Geschenk

AL, III, 1: Abrahadabra, the reward of Ra Hoor Khut.

Frater **ACH**ad = **CH**arles (auf Deutsch **KA**rl) Stanfield Jones, Crowleys magischer Sohn. Sein Geburtsdatum 2/4/1886 = 29/11, 29 = Horus. Dieses Datum fällt in den Zeitabschnitt der RIT-Rune.

ABRAHADABRA

Abra -   had -   abra = 105/6 = KA!!
38/11   29/11   38/11 = 3 x 11 = 33
33 = DAG

Drei Mal die Wurzel-Rune von Horus und Sirius.

Die 33 Jahre von Jesus Christus, welche die 33 Rückenwirbel symbolisieren = Erleuchtung oder ein verwirklichter GOTT.

33, zwei Dornen, der Doppeldorn, die DAG-Rune = Leben und Tod, Tag und Nacht, Horus und Set in einem.

MAGIC • K

Aleister Crowleys Hinzufügung des K an das Wort „Magic" ist ein Hinweis auf die Wichtigkeit dieses Buchstabens.

K oder Kteis (Vagina) zeigt den sexuellen Charakter von Crowleys Magie und der KA-Rune.

Andere Fälle:

Khabs

Khu

KAaba

KAiro

ATH-**KA**-PTAH, auf Griechisch AE-GUY-PTOS = Ägypten, das Land wo das *Liber AL* empfangen wurde.

Das Ka im alten Ägypten

Das Doppel (mit dem man aus dem materiellen Körper austreten kann) oder der Schutzengel (Guardian Angel).

Gibt dem Bewußtsein Stabilität und Gegengewicht.

Das widerstandsfähigste und dichteste Element im menschlichen Körper.

Enthält die Identität oder das wahre Selbst einer Person, aufgetankt mit Prana oder Lebensenergie..

Jedes menschliche Wesen wird nach dem Tod als Ka bezeichnet. Nach den Tod spielt Ka die selbe Rolle wie der menschliche Körper im Leben. Das immaterielle Ka sieht aus wie der Körper des Verstorbenen. Zur Erhaltung dieses Zustandes sind zwei Dinge nötig: Die Konservierung des Körpers und ein exaktes Bild des Verstorbenen in Form einer Skulptur. Das Überleben des Ka nach dem Tod ist abhängig von den symbolischen Opferungen, die auf die Wand der Grabkammer Grabes gemalt werden.

Khu

K H U
6 7 2 = 15, MAN oder Zwei KAs, Rücken an Rücken.

Siehe Symbol für MAN:

Die MAN-Rune ist das Zeichen des Menschen, des spirituellen Menschen, des Menschen, der bereit ist, das Blitzlicht von Khabs zu empfangen. Es ist auch die Wurzelrune von Aleister Crowley.

Khabs

KHABS = 6+7+10+13+11 = 47/11, SIG, das Blitzlicht, die Rune des Lichts und der Lichtstrahl der Götter. Das Symbol für Sig:

Khabs (47) + Khu (15) = 62/8 = NOT oder NAUT. Das Symbol für NOT:

KAPITEL XI: DIE GEHEIMNISSE VON ANKH-AF-NA-KHONSU

·Ankh··af··na··Khonsu·

ANKH	AF	N	KHONSU	= 82/10 (8=N 2=U) AR, die Wurzelrune von Aiwass u. Tahuti
31	5	8	38/11	
"	AF	N A	"	= 98/17 EH, die Rune der Zwillingsseelen. Wurzelrune von Ha
	11	18		
ANKH	AF	N	"	= 76/13, BAR, die Wurzelrune von Thelema
25	5	8		
"	"	N A	"	= 86/14, LAF, Wurzelrune von Hoor-Paar-Kraat
		18		
"	"	N A	"	= 80/8, NOT oder NAUT, Wurzelrune von Ra-Hoor-Khu(i)t
		12		
Ankh	- **af**	- **n**	- Khonsu	
	41	8		
Ankh	- **hf**	- **n**	- Khonsu	
	71	8		

ANKH ist die Zusamenfassung von A = Ankh N = na KH = Khonsu.

ANKH	AN oder Na, eine Form von NOT	= 8	= Karma
	KH ist KA	= 6	= Meisterschaft, Kontrolle (über)
		= 14	= LAF = Einweihung

Wir empfangen Einweihung (LAF) durch das Wiedererkennen und die Anerkennung (= Annehmen) unseres Karma (NOT) und die Meisterschaft (KA) über das Karma.

AF	umgekehrt FA	= 1	= Feuer, der Anfang
NA	NOT oder NAUT	= 8	= Karma
		zusammen: = 9	= IS

Das alles verzehrende Feuer des Schülers (Jüngers) (FA), welches alle sklavischen Bände mit Materie und Karma vernichtet. IS = I AM, pures Sein.

KHONSU	KHON = können = KA	= 6	
	SU = SIG = SIEG	= 11	
		= 17	= EH, Rune der Zwillings- oder Dualseelen = Die Vereinigung dieser Seelen.

418

418 = 13 = BAR, die Wurzelrune von Thelema. Symbol für Bar:

AL, III, 49: I am in a secret fourfold word, the blasphemy against all gods of men.
... **IN** a secret fourfold word ...
Das vierteilige Wort = Ankh-**AF**-**N**-Khonsu
A = 4 = OS (Ase) und OTHIL (Adel) Das Symbol für Os und Othil:

   F = 1 = FA
   N = 8 = NOT oder NAUT

OS = Der Empfänger (Medium)
FA = Der Sender
NOT = Öffnet den geheimen Kanal zum 8-blättrigen Lotus, der im Zentrum des Herz-Chakras verborgen ist, schaltet in uns die Stimme des Welten-Logos ein und ermöglicht uns Kontakte mit höheren Wesen und Entitäten. Einer von ihnen ist Anubis, der Meister der Herren des Karma. Es ist der Platz des geheimen Lichtes, unseres Heiligen Schutzengels (Holy Guardian Angel). Hier findet das Große Werk, die Kommunikation mit dem Heiligen Schutzengel statt.

AL, II, 15: For I am perfect (71/8, NOT), being Not (= 8); and my number is nine by the fools, but with the just I am eight and one in eight: Which is vital, for I am none indeed. ...

Im 8-blättrigen Lotus (dem spirituellen oder ätherischen Herz), vereinigen sich Ida und Pingala (I am eight and one in eight); hier ist die Kundalini nicht mehr getrennt, der Zwilling! (71 umgekehrt 17 = EH, die Zwillings- oder Dualseelen).

Nine, Neun ist 8+1 = 9, die Persönlichkeit, jemand sein, das falsche Ich. Aber Neun, IS, ist auch ein Schwert, und die weibliche IS-Rune steht für Teilung, die Teilung von 8 = 0/0, Ida und Pingala. Das Herz ist das Harmonie-Zentrum zwischen den drei unteren und den drei höheren Chakras (= das Hexagramm), Harmonie zwischen weiblichen und männlichen Energien.

AL, I, 4: Every number is infinite, there is no difference.

4 = Nuit, der unendliche Weltraum, die einzige Wahrheit. Das Endliche = die Maske des Ego oder des falschen Ichs, die niedere Auswirkung der IS-Rune.

Ein anderes Symbol für OS ist O und stellt einen Mund oder die Vagina (der zweite Mund) dar. Der Mund, der die Orakel oder Botschaften der Sterne aussprechen kann, die Küsse von Nuit.

AL, I, 62 (62/8 = NOT): At all my meetings with you shall the priestess say – and her eyes shall burn with desire as she stands bare and rejoicing in my secret temple – To me! To me!

To me (zu mir) = 48/12 = das vierte Chakra (Herz = 12-blättriger Lotus), in dem geheimen Tempel (my secret temple) = der 8-blättrige Zentrum-Lotus.

OS ist auch die Gebärmutter, das Zuhause vom "Kind im Ei"; OS ist eine Acht in Zwei geteilt. Die andere 4, OTHIL ist mit dem Gral verbunden, der Gral, in den der Nektar der Götter strömt (aus die Vagina?!)

AL, I, 3: Every woman and every man is a star.

1+3 = 4, die Hälfte von Acht. 4 besteht aus zwei Runen: OS und OTHIL.

0+0 = 0, die Vereinigung oder Verschmelzung in 8. Die Fusion von männlichen und weiblichen Energien in einer Person oder in einem Paar. Dies erschafft eine 3 = THORN, der Lebensdorn, das Erwachen.

Die Formel von "Every man and every woman is a star" = 418!

4 = OS = Frau = empfangen, sie muß die Seele (oder Hadit) aus der Umgebung anziehen. Ihr Weg geht über Nuit, das Unendliche, um Hadit zu (er-) kennen.

1 = FA = Mann = aus seinem eigenen Zentrum heraus senden, sein Weg geht über Hadit: sehr, sehr klein zu werden, um Nuit (das Unendliche) zu (er-) kennen.

8 = NOT = Die Vereinigung oder Konjunktion von Nuit und Hadit, I am one in eight .... for I am none indeed.

AL, I, 46: Nothing is a secret key of this law. Sixty-one the Jews call it; I call it eight, eighty, four hundred & eighteen.

8, 80: 0 ist eine 8 in zwei geschnitten, O ist der erste Buchstabe von OS und OTHIL, Zwei Os, 4 (OS) + 4 (OTHIL) = 8, NOT, 0 + 0 = 0, Nichts (nothing)!! Vier Hundert (4 = 00) und 18 = GIBOR, die mystische Ehe.

AL, I, 47: But they have the half (61 = Ain oder NIA = 0), unite by thine art (unite = vereinigt und art = Kunst gehören zur KA-Rune) so that all disappear (0).

4+18 = 22 = Nuit, der doppelte Horus

18-4 = 14 = Hoor-Paar-Kraat, Hadit.

AL, I, 48: My prophet is a fool with his one, one, one; are not they the Ox (Ox auf Niederländisch ist OS, auf Deutsch Ochse) and None (= NOT, 8) by the b**OO**k (die Teilung von 8 in zwei Os).

AL, III, 46: I am the warrior Lord (Ra-Hoor-KhuÍt, I = IS, ein Schwert, das in zwei Hälften zerteilt, eine Aktivität der weiblichen IS-Rune) of the Forties (40, 4 = 0): the Eighties cower before me, & are abased (eine liegende 8, in Zwei geteilt = 00 = OS und OTHIL).

8, NOT, ist die Wurzelrune von Ra-Hoor-KhuIt, geteilt gibt das 00, 00 mit einem Schwert in der Mitte sieht aus wie zwei Hoden mit erigiertem Penis.

O (OS) ist auch ein Symbol für Samen, Sperma, welches eines der wichtigsten Ingredienzen im Äon des Horus ist.

Der Phallus

FA	= ist die Wurzel von PHAllus = sich fortpflanzen = die chaotische Leere	ᚠ

In jedem menschlichen Wesen, Frau und Mann, existieren die 3 Phalli: im ersten, vierten und sechsten Chakra.

– Im ersten- oder Muladhara-Chakra, dem 4-blättrigen Lotus, sitzt die Kundalini-Schlange. Sie ist dreieinhalb mal um den ersten Phallus gewunden, mit ihrem Kopf nach unten. Meisterschaft über dieses Chakra führt zur Geburt des "man of the earth" (Mann der Erde).

– Der zweite Phallus befindet sich im vierten- oder Herz-Chakra, im **12**-blättrigen Lotus, mit dem geheimen **8**-blättrigen Lotus. Das Herz-Chakra ist „der Sitz des Gleichgewichts". In diesem Chakra erlangen wir den Grad des Geliebten („The Lover"). Der verborgene 8-blättrige Lotus im Herz-Chakra ist das spirituelle oder ätherische Herz. Es befindet sich im Hexagnam (= 6 = KA) des Herz-Chakras. Der Lingam in diesem Zentrum ist das Goldene Licht, der Sitz des Heiligen Schutzengels.

– Der dritte Phallus befindet sich im **6**-ten (KA = Vereinigung von männlich und weiblich) oder Ajna-Chakra, dem **2**-blättrigen Lotus. In diesem Chakra hört die Dualität auf = die Verschmelzung (Fusion) der Zwillings -oder Dualseelen. Dieses Chakra wird auch „Sitz des Willens" genannt. Hier erreichen wir den Grad des Einsiedlers („Eremit").

In AFN aus Ankh-af-n-Khonsu, finden wir das Runen-Paar FA und OS. OS = 4 (der Empfänger) und FA = 1 (der Aussender). NOT = 8 = der Platz der Vereinigung von FA und OS.

Symbole für FA	OS	und NOT
ᚠ	ᚦ	ᛉ

4 = das vierte Chakra
1 = der Phallus im vierten Chakra
8 = das Geheime Zentrum im vierten Chakra, der 8-blättrige Lotus

Im vierten Chakra "I am ONE" (= FA, Phallus) „in EIGHT" (NOT, die Konversation mit dem Heiligen Schutzengel). (AL, II, 15)

Die NOT- oder NAUT-Rune wird verwendet, um die Herren des Karma zu in- oder evozieren. Der Meister dieser Herren ist Anubis. Anubis = Saturn. Saturn ist erhöht in Libra. Trumpf VIII im Tarot ist „Gerechtigkeit", die Waage = Aleister Crowley.

718

AL, III, 19: That stélé they shall call the Abomination of Desolation; count well its name, & it shall be to you as 718.

According to A. Crowley: Stele 666

STELE = 61/7, HAGAL, ein negatives HAGAL IST Vernichtung, the Abomination of Desolation. 7 + 18 = 25/7

7+1+8 = 16, YR; stellt das niedere Selbst (Instinkt) oder die Einflüsse der niederen Oktave des Saturn dar, die in seine höhere Oktave transformiert werden muß, was Meisterschaft über das niedere „Selbst" bedeutet. Das ist die Arbeit mit der YR-Rune und 718.

718 symbolisiert die Arbeit bzw. Vorbereitung, die getan werden muß, bevor „ABRAHADABRA, the reward of Ra-Hoor-Khuit" stattfinden kann.

16 (hebräisch) ist auch der Turm, ATU XVI. Dieser Turm, die Rüstung des falschen Ichs, wird durch einen Lichtbogen oder SIG zerstört, der Rune von Horus und von Khabs; 18-7 = 11 = SIG: The Abomination of Desolation! Die Rüstung des falschen Ichs ist das Leben in der Welt der Maya oder Illusion, die absolut nichts mit unserer wahren Natur zu tun hat.

Siehe AL, II, 17 und 18: Hear me, ye people of sighing! The sorrows of pain and regret are left to the dead and the dying, the folk that not know me as yet. These are dead, this fellows they feel not...

Es sind nicht sie, die fühlen, sondern die Illusion oder die Identifikation mit dem falschen Ich produziert so etwas wie Gefühle. Sie selbst haben keine Gefühle.

Die YR-Rune repräsentiert den weiblichen Aspekt des Lebens. Sie symbolisiert die Wurzeln des Baumes des Lebens, die beiden untersten Chakras, dort, wo die Kundalini-Schlange und das Kind im Ei sich befinden. Das Kind im Ei ist Hoor-Paar-Kraat (das stille Selbst). (der Abgesandte von Hoor-Paar-Kraat ist Aiwass). Beide müssen erweckt werden, wenn wir zu den Lebenden gehören wollen. Aiwass könnte Eihwas sein, ein anderer Name für YR.

Zurück zu unserem Basiswort: Ankh-**HF-N**-Khonsu. Das A wird ersetzt durch H.

7 = H
1 = F
8 = N

Stélé = 71/8; siehe 718!

718 nach Crowley: Stélé 666 = 71+18 = 89, Acht und Neun.

Zurück zu AL, II, 15: For I am perfect, being Not (8); and my number is nine by the fools; but with the just I am eight and one in eight: which is vital, for I am none indeed.

8+1 = neun, 9, = IS; die niedere Auswirkung dieser Rune ist das EGO oder das falsche Ich (nine by the fools), ein Masse-Mensch, der zu einem Toten geworden ist, zerstört durch das negative Feuer (= 1 = FA); 8-1 = 7, HAGAL, ein Zaun, der Harnisch des Ego oder falschen Ichs, der das Erwachen oder die Geburt von Hoor-Paar-Kraat verhindert. Die Toten oder Sterbenden identifizieren sich vollständig mit ihrem Harnisch und haben ihren „Inneren" Gott getötet.

Das Karma (8) kann nur durch das kreative Feuer bereinigt werden, das die Befreiung von den Bändern der Karma-Gesetze bewirkt: Das Erschaffen deines eigenen Lebens gemäß deines WILLENS = die Geburt von Hoor-Paar-Kraat.

Der Zaun (HAGAL) oder Turm (16), der das Erwachen des Inneren Gottes verhindert, muß zerstört werden, durch das kreative Feuer von FA, das durch den Blitz von SIG symbolisiert wird (18-7 = 11).

Thebes = 61/7, HAGAL, die Stadt von Ankh-af-na-Khonsu, „the warrior lord of Thebes", war von einem schützenden Zaun umgeben.

AL, III, 4: Choose ye an island.

AL, III, 5: Fortify it!

AL, III, 6: Dung it about with enginery of war!

Dieser Zaun oder Khu müssen erschaffen werden zum Schutz und als Vehikel für den Inneren Gott, dem wahren magischen Selbst.

Vom Augenblick unserer Geburt an beginnt die äußere Welt uns zu manipulieren, uns in Richtungen zu schieben, in die wir nicht wollen, unseren Geist mit allem möglichen Unsinn zu pervertieren (die sogenannte Erziehung). Wenn wir unser wahres Selbst sein wollen, unseres eigenen Stern gemäß leben wollen, benötigen wir eine Menge „Kriegsmaschinerie" (bildlich gesprochen) um unsere Selbste vor den Angriffen der äußeren Welt zu bewahren, wir brauchen eine Menge Selbstdisziplin und innere Kraft, um die Einflüsse der uns umgebenden Welt zu überwinden.

Gefallene Runen (die Energien in den Toten und Sterbenden) führen nicht zur Vereinigung mit Nuit, sondern zu Elend und Vernichtung; und das gehört nicht zu den Menschen von Nuit, Hadit und Horus. Nach dem Tod bleibt von ihnen nichts übrig, alles fällt auseinander, sie erhalten kein Ewiges Leben. Sie haben kein Khu oder Vehikel für das Khabs erschaffen, das nach dem Tod des Körpers überleben kann.

Die Stélé wurde zu Ehren des verstorbenen Ankh-af-na-Khonsu gefertigt, und enthält daher die Dinge, die nach dem Tod geschehen.

KAPITEL XII·

·AL·

·AL·

A =   10 = AR
L =   14 = LAF
       24/6 = KA

A = AR

Der Bote, der Abgesandte oder der Sohn der Sonne oder der Sterne.

14 = L = LAF Die Erzeugung eines ätherischen Körpers oder eines Fahrzeugs, um zur Sonne und den Sternen zu reisen. Es ist die Wurzelrune von Hoor-Paar-Kraat, ein Fahrzeug für den verborgenen Gott der Stille, so daß er sich selbst manifestieren kann. ATU XIV.

24 = 2 und 4

    2 = UR, auch Hoor-Paar-Kraat, die Haltung von Nuit auf der Stélé.
    4 = OS und OTHIL = NUIT, aber auch Set, der Gegner von Horus.

·AL· UND DIE GIBOR-RUNE

ALLALA, das Wort von Frater Achad.
    666 (3 KA's) = 18, GIBOR:
= Die Rune der Mystischen Ehe
= Ein Gott werden. Symbol für GIFU:
= Geschenk oder Belohnung. AL, III, 1: Abrahadabra, the reward of Ra-Hoor-Khut.

A =   4 = die OS und OTHIL-Runen, Atem- und Sprech-Runen.
L =   14
       18 = GIBOR

18 x 3 = 54 = Die Konjunktion von Hadit (5) und Nuit (4)

AL, EL ausgesprochen: 17+14 = 31/4 = NUIT, umgekehrt 13 = BAR, dieWurzelrune von Thelema ... und 31 = der „Schlüssel" des *AL*!

KAPITEL XIII:

BABALON & DAS BIEST

Babalon & Das Biest

Babalon = 72/9 = IS, Symbol:

Beast = 63/9 = IS, die weibliche Form, Symbol:
Ihre Konjunktion oder Vereinigung ist die GIBOR-Rune, die Mystische Ehe:

Babalon in einer aktiven Rolle =

die das Biest = reitet

ergibt eine KA-Rune auf ihrem Rücken.

Ich denke, daß dies die bequemste Stellung für den Mann wie für die Frau ist, um gegenseitig die sexuellen Energien zu transformieren.

In einer Vision sah ich dieses Symbol in Gelb (die Farbe von KA), als die zentrale- oder Schlüsselposition, und es war der wichtigste Schlüssel. Siehe Kapitel V.

Babalon + Beast = ISIS, die Mutter von Horus!
AL, I, 29: For I am divided for love's sake, for the chance of union.

AL, I, 41: ...There is no bond that can unite the divided but love: all else is a curse.

IS

= Die Rune des ICH, der Persönlichkeit (aber auch das Ego oder falsche Ich) und die höchste Form: Meisterschaft über das Selbst und die Umwelt.
= Selbst- (= Ich) Bewußtsein.
= positiv, männlich.

IS, die weibliche Form oder die Sie-Rune.
= negativ, weiblich
= Das Unterbewußtsein, das empfängliche und bewahrende Wesen.

KAPITEL XIV: AIWASS, ABGESANDTER VON HOOR-PAAR-KRAAT

Aiwass

AL, I, 7: Behold! it is revealed by Aiwass the minister of Hoor-paar-kraat.

Aiwass = 55/10 (w = 2+2), AR oder eine doppelte RIT-Rune, Rücken an Rücken.

Aiwass und die AR-Rune

Symbol für die AR-Rune:
= Arman, der Lichtbringer (Luzifer)
= Arahari, die Spirituelle Sonne. AR ist das ursprüngliche Feuer der Sonne.
= Der Sonnen-Priester
= Der Adler
= Ganzheitlichkeit, ganz werden
= Zeit

Ein anderes Symbol für AR: Zwei halbe Kreise, sich gegenüber stehend und in einander greifend, was die Ewigkeit darstellt oder etwas, das sich aus eigener Kraft dreht, eine Art Perpetuum Mobile. In einigen Runensystemen werden stattdesen zwei Winkel verwendet. Sie formen eine Raute, was sich auf OTHIL beziehen kann.

2 Symbolen für AR		OTHIL
↺	⟨	◇

- Ein anderer Name für Horus ist HAR (= AR), was Kind bedeutet, das Kind oder ein Teil der Sonne. Es bedeutet auch Der Hohe.
- Horus kommt vom griechischen OROS = Zeit. NU (niederländisch für jetzt) ist die richtige Zeit.
- Aiwass = Ich war (I was), der Zustand des schlafenden, alltäglichen Menschen; er hat seine wahre Natur vergessen. Die Toten (death ones) sind seelenlos, und die Sterbenden (the dying ones) sind dabei, ihre Seelen zu verlieren.
- 55, eine doppelte RIT-Rune, Rücken an Rücken, zwei Schlangen, formen die OTHIL-Rune, den menschlichen Körper ohne Seele, der das Licht von Nuit empfängt. OTHIL ist mit dem Gral verbunden.
- *Ich war* (I was) wird zu *Ich bin* (I am), nichts folgt, pures Sein, das Ego oder das falsche Ich ist aufgelöst = das Erwachen des Stillen Selbst oder des verborgenen Gottes = Hoor-Paar-Kraat.
- Bevor ich in Kontakt mit den Runen kam, sah ich, während ich ein Asana (Königsitz) mit den AUM-Mantra übte, Aleister Crowley vor mir, in dieser OTHIL-Haltung mit einem Licht-Ball zwischen seinen Händen.

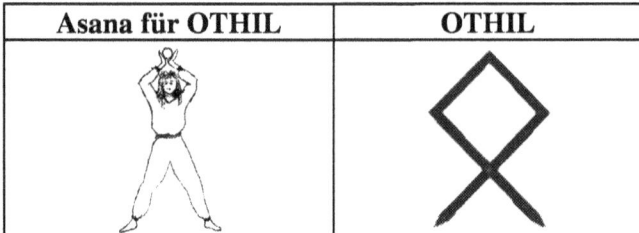

Asana für OTHIL	OTHIL
🧍	⟨⟩

AIWASS UND DIE NOT-
ODER NAUT-RUNE

- Aiwass = 53/8 (w = 2) = NOT oder NAUT.
- Für die Erklärung von NOT siehe Kapitel III: („NUIT und die achte Rune: NOT. – Die Namensähnlichkeit von Nuit mit NOT [oder NAUT]") und Kapitel VII („Ra-Hoor-Khuit und die NOT-Rune").
- So hat Aiwass Berührungspunkte mit:
- Thoth oder Tahuti (10) als Bote der Götter
- Hadit in der Form von zwei Schlangen
- Horus oder Har, and Ra-Hoor-Khu(i)t

Nuit oder NOT.

TAHUTI ODER THOTH

Siehe das Kapitel über die KA-Rune: Das erste Kind von Aleister Crowley und Rose Kelly ist Tahuti, der Bote.

MAAT

MAAT: 15+10+10+12 = 47/11, SIG
MA: 15+10 = 25/7, HAGAL.

Symbolisiert die Kosmische Harmonie. Das Chaos von Pisces ist das Gegenteil von Maat.

KAPITEL XV:

TYR, DER AUFERSTANDENE GOTT

Das Suffix TI oder TYR

Das Symbol für Tyr:

IT (= es) ist weder weiblich noch männlich.
IT ist ein umgekehrtes TI.
TI = ist eine Form der TYR-Rune.
Der numerologische Wert von TYR ist 12.
"My number is fifty and six." 6:50 = 0,12!!!

Aleister Crowley

Das Geburtsdatum von Aleister Crowley: 12/10/1875 = 43/7
Die Summe aus   1+8+7+5 = 21.

Dieses Datum gehört zum Zeitabschnitt von BAR (13), die Wurzelrune von Thelema und seinem ersten Kind mit Rose Kelly, Lilith.

Tag: 12 = TYR, die Qualitäten dieser Rune stimmen Perfekt überein mit PERDURABO; die höchste Auswirkung dieser Rune ist der aus dem Tod erwachende Gott.

Monat: 10 = AR, die Wurzelrune von Aiwass, Thoth und Tahuti, der Bote der Götter, die Sonne oder Sirius.

Jahr: 1875 = 21/3 = THORN, der Lebensdorn, die Tat-Rune, Willenskraft = to do thy will! (deinen Willen tun). Symbol für Thorn:

Die Summe: 43/7 = HAGAL, die Vereinigung von männlichen und weiblichen Energien, von Positiv und Negativ, der Führer zwischen Mikro- und Makrokosmos.

Aleister Crowley ist derjenige, der Ordnung und Klarheit (= 8, NOT) in das Chaos zu bringen versucht, in den Mischmasch der verschiedenen magischen Richtungen. Die Essenz war größtenteils verloren gegangen oder verformt oder nicht mehr brauchbar für die neue Energien im Äon des Horus, dem Kind.

Während ich mit der HAGAL-Rune arbeitete, etablierte ich einen tiefen Kontakt zu Aleister Crowley. In einer Nacht träumte ich, mein Leben sei in Gefahr. Ich rannte durch ein Gebäude ohne Ausgang in der Hoffnung, eine Antwort oder Lösung zu finden. In einem seiner Zimmer stieß ich auf Aleister Crowley. Er kannte mein Problem und war bereit, mir zu helfen.

Er sagte, daß wir nach einer bestimmten Art von Vogel suchen müßten, nach einem riesigen Vogel, der aussieht wie ein Vogel in seinem Ei, noch ohne Federn und mit schleimiger Haut. Wir würden ein Ei dieses Vogels benötigen, und der Inhalt des Eis müßte auf dem Boden verstrichen werden. Als dies getan war, sagte er zu mir: "Jetzt bist du geschützt, sie werden dich nur noch ein bißchen picken".

Am folgenden Morgen war ich mit meinem Fahrrad auf dem Weg zum Einkaufen, als plötzlich ein Wagen auf mich zu kam und mich von der Straße stieß. Erstaunlicherweise, sowohl für mich selbst als auch für die Beobachter des Unfalls, war ich ganz und gar nicht verletzt. Da erst hatte ich meinen Traum begriffen: Aleister Crowley hatte mir das Leben gerettet.!!!

Nuit

Der erste Teil des *Liber AL*, NUIT, wurde empfangen am 8/4/ 1904 = 26/8
                                                             12   14

Tag: 8 = NOT = Karma. Das Geheime Zentrum.
Monat: 4 = OS und OTHIL. Das erbliche und genetische Material (= Materie), die Gott-Runen.
Jahr: 1904 = 14 = LAF = Einweihung, der Eremit!
Das Geburtsdatum des ersten Kindes von Aleister Crowley und Rose Kelly: 28/7/1904 = 49/13 = BAR, auch die Wurzelrune von Thelma und der Zeitabschnitt, zu dem auch das Geburtsdatum von Crowley gehört. 28/07/1904 gehört zu AR, was mit dem astrologischen Grad von Crowleys Aszendent im Löwen übereinstimmt.

28/07/1904:
Tag: 28/10 = AR, 2 = U und 8 = N, UN oder NU
Monat: 7 = HAGAL, die Wurzelrune von Crowleys Geburtsdatum (12/10/1875) = 43/7 und seinem Tod (1/**12/1947**) = 34/7).
                     21

Jahr: 1904 = LAF = Einweihung.

NU - IT

Nu = 8 + 2 = 10 = AR, Symbol für AR:
   8 = NOT oder NAUT, Karma, das Geheime Zentrum

2 = UR, das Potential, in der Form des gefrorenen (inaktiven) Feuers, das erwachen muss.

10 = AR, Zeit, der Jetzt- (NU) Moment, und in diesem Moment liegt der verborgene Weg zum Inneren Gott.

Das Wiedererkennen und Einsehen von 8 (Karma) und 2 (inaktives Feuer), kann nur im Jetzt-Moment geschehen.

Jetzt (NU) ist der Moment, in dem IT oder TI, der innere Gott, auferstehen oder die Geburt vom „Kind im Blauen Ei" stattfinden kann.

IT oder TI = 9 + 12 = 21/3 = THORN, Symbol für Thorn:

THORN ist der Lebensdorn, die Kraft zu handeln.

21:

2 = UR, das gefrorene Feuer vom "Babe in the Egg of Blue".

1 = FA, das Feuer von FA, welches das gefrorene oder inaktive Feuer auftaut = die Geburt des Kindes im Blauen Ei.

Bei meinen Nachforschungen in der Ägyptischen Mythologie fand ich, daß Nuit die Mutter von Osiris und die Großmutter von Horus ist. Und die Eigenschaften von Osiris stimmen perfekt überein mit denen von TYR, der Rune der Aufopferung, aber auch das Erwachen oder die Wiederauferstehung des Gottes aus dem Tod, die Aufopferung des Ego oder falschen Ichs. Das Opfer und der bildliche Tod, der zu den Drei Graden führt: "The Man of Earth" (Mann der Erde), "The Lover" (Der Liebende) und "The Hermit" (Der Eremit).

Hier rnuß ich auf eine frühere Aussage zurückkommen, daß dies das Wassermann-Zeitalter des Großen Äons der Fische ist, dessen Königin des Firmament Nuit ist. Nuit ist die Mutter von Osiris.

HADIT

Der zweite Teil des *Liber AL*, Hadit, wurde empfangen am 9/4/1904 = 27/9
13

Symbol für IS:

Tag: 9 = IS, Ich bin (I am), oder das Erkennen und Einsehen von ... 4.

Monat: 4 = OS und OTHIL, das erbliche und genetische Material (Materie).

Jahr: 1904 = LAF = Einweihung, ´The Lover´, Der Liebende.

27/9: Die Auflösung der Dualität (2) in HAGAL, (Harmonie) = 9 oder IS = Ich bin (I am = 34/7), nichts folgt, reines Sein ist die höchste Auswirkung der IS-Rune und ist dasselbe wie **ICH WILL;** es ist auch die Konjunktion von Nuit (4) und Hadit (5).

Ha-DIT = DIT, umgekehrt TID was Zeit bedeutet.

HA = Hagal, die Vereinigung von männlich und weiblich, von + und -.

Dieses Niveau ist der richtige Moment, die richtige Zeit (Tid), um Hadit zu empfangen oder die Steigerung des Kundalini-Feuers zum Ajna-Chakra, dem Sitz des Willens.

HA = 7 + 10 = 17, EH, die Rune der Zwillings- oder Dualseelen, die zwei Schlangen der Kundalini (Ida und Pingala). HA ist aber auch eine Form von HAGAL. Zwei EH-Runen, sich gegenüber stehend, ergeben auch die HAGAL-Rune.

IT oder TI = TYR. Wie ich schon im Kapitel von Hadit angeführt habe, läßt der Pfeil von TYR im Dritten Auge das Kundalini-Feuer aufsteigen. (6:50 = 0,12).

RA-HOOR-KHUIT

Der dritte Teil des *Liber AL*, Ra-Hoor-Khuit, wurde diktiert am 10/04/1904 = 28/10 = AR, Symbol für AR:

Tag: 10 = AR = der Sohn oder ein Teil der Sonne, ganz werden, zurück nach Hause gehen (unserem wahren Zuhause)

Monat: 4 = OS und OTHIL, die Runen von Odin oder Wotan, dem Vater von Kunst, Kenntnis und Weisheit, der auf die Erde kam und den Streit ums Leben begann (Ra-Hoor-Khuit).

Jahr: 1904/14 Einweihung, ´The Man of Earth´ (Mann der Erde).

RA = RIT, das Sonnenrad des Sonnenwagens.

HOOR = UR, das Ohr (auf Niederländisch OOR) = höre (auf Niederländisch HOOR).

Oder eine Kombination von HO (= Hagal) und OR (= UR), im verwirklichten Gleichgewicht, der Auflösung der Dualität sind wir in der Lage, den Klang von Ra, die Rotation der Sonne oder unseres eigenen Sternes zu hören.

KHUIT, das KHU, das bereit ist, IT oder TI zu realisieren. Symbol für Tyr:

TAHUTI ODER THOTH

TA (eine Form von TYR)	HU (eine Form von HAGAL)	TI (eine Form von TYR)	
12 +	7 +	12 +	= 31/4

31/4 = NUIT, oder der Bote von NUIT.
31 umgekehrt ist 13, BAR, die Wurzelrune von Thelema. Symbol für Bar:

Wenn wir unser Ego opfern (TYR), oder den Tod des Ego herbeiführen, hört das Leben in der Dualität auf (Auflösung), dann besteht Harmonie (HAGAL) zwischen + und -, männlich und weiblich, und dann ist es möglich, ein Gott (Auferstehung) zu werden = TYR.

Tahuti 46/10 (a = 4), AR, der Bote von Nuit (28/10)

52/7 = HAGAL, Harmonie, die Wurzelrune von Aleister Crowley.

AL, II, 39: A feast for Tahuti and the child of the Prophet ...

39 = 12 = TYR, ein Anzeichen, daß das Kind in der Gebärmutter von Rose auch ein TI in sich hat: der Prophet NU, der Bote von Hoor-Paar-Kraat. Sie ist Hoor-Paar-Kraat.

THELEMA

THE = TI oder TE = TYR, die Manifestation von "The Babe in the Egg", die Geburt des Inneren Gottes, der höchste Grad, der Eremit.

LE = LAF = Einweihung, aber auch eine Form von Hoor-Paar-Kraat = das Ausbrüten des Eies, Der Liebende.

MA = MAN, die Wurzelrune von Khu, die Vorbereitung des Körpers, um das Manna aus dem Himmel zu empfangen, Mann der Erde.

SIRIUS, DER HUNDSSTERN

1 Jahr auf dem Sirius = 1461 Erden-Jahre = 12 = TYR
Ein anderer Name für Sirius ist Sep**TI**.
NU (10) + HA (11) = 21, umgekehrt 12; TYR, oder 3 = THORN = Die Erweckung.
Das Suffix IT = TI = TYR, TYR kann gebraucht werden, um die Toten auferstehen zu lassen, bildlich und wörtlich.

DIE ZAHL DER VERSE DES LIBER·AL

NUIT	66	= 12 KA + KA = TYR
HADIT	79	= 16 YR, die Wurzeln des Lebensbaumes, das Zuhause der Kundalinischlange und das Stille Selbst.
HORUS	<u>75</u>	= 12 = TYR
	220	22 ist die doppelte Natur von Horus in 0 (= OS = 4), vereinigt mit Nuit.

AL, III, 75: The ending of the words is the word ABRAHADABRA.
75 = 12 = TYR, der aus dem Tod auferstehende Gott (= Osiris), oder die Geburt vom "Kind im blauen Ei", das letztendliche Resultat.
ABRAHADABRA oder ABRA = 11 HAD = 11 ABRA = 11 oder 3 Mal SIG
Geburt in der *Materie* und SIEG über die Materie = Mann der Erde
Geburt in der *Seele* und SIEG über die Seele = Der Liebende
Geburt im *Geist* und SIEG über den Geist = Der Eremit.
SIG = SIEG, alle Grade sind siegreich überwunden. Da ist nichts mehr zu sagen, nichts mehr zu lernen: "the ending of the words".
AL, I, 50: There are three ordeals in one (31 oder 13) and IT (oder TI) may be given in three ways. The gross (Gros ist Niederländisch für 12x12) must pass through fire; let the fine be tried in intellect and the lof**TY** (TY = TYR) chosen ones in the highest.
Lof-ty: LAF (14) + TYR (12) = 26/8 = NOT, KARMA, sie die durch ihr Karma bevorteilt sind.

AUM = 4 + 2 + 15 = 21 oder 12
= 3, THORN, der Lebensdorn, das Erwachen.
Symbol für SIG:

LOVE IS THE LAW, LOVE UNDER WILL

DER ADLER-MANN LÜFTET DAS GEHEIMNIS VON AL, II, 76

Ich wollte dieses Buch mit einer persönlichen Botschaft von meinem Vogel an alle Leser beenden. Ich wußte, daß viele von Euch so etwas erwarten. Daher gab ich ihm, wie schon zuvor, die beste Möglichkeit, sich Euch mitzuteilen. Zu meiner Überraschung kam die Erwiederung sehr schnell und Roland sagte mir, ich solle mich für eine Botschaft öffnen, welche die Lösung des AL-Verses II, 76 enthielt – 4 6 3 8 A B K 2 4 A L G M O R 3 Y X 24 89 R S P T O V A L. – und daß diese Erklärung letzte Hand an dieses Buch legen und ein Beleg für dessen Autorität in Sachen *Liber AL* sein würde

Die Verse, die zur richtigen Antwort von AL, II, 76 führen, sind AL, I, 18 und 22, II, 22 und III, 22. 22 = 2+2 = 4, 4+18 = 418!

418, Thelema (76/13) und II, 76 gehören alle zur BAR-Rune.

I, 18: Burn upon their brows, O splendrous SeRPenT.

Die Geheimnisse der Worte R P S T O V A L und A L G M O R sind in diesem Vers verborgen:

ALGMOR = GLAMOR oder glamour (dt.: Glanz) und ist ein Synonym für splendrous

RPST = serpent (dt.: Schlange)

OVAL = die zwei Ovale der Acht.

II, 22: I am the Snake that giveth Knowledge & Delight and bright glory, and stir the hearts of men with drunkenness ... Dies sagt uns etwas über die Natur ALGMOR and GLAMOR.

Die Wort- und Zahlenkombination repräsentiert das Winden oder die gesamte Reise der Kundalini-Schlange durch die Chakras bis hin zum sechsten Chakra, das der Sitz des Willens = Thelema ist. Ich werde nur den Symbolismus und die Verbindungen zwischen AL, II, 76 und den verschiedenen Chakras erklären, ihr Studium überlasse ich den Studenten.

Es ist die Arbeit an- und die harmonische Entwicklung der Chakras, insbesondere aller 7 Chakras.. Viele Studenten der Magick und/oder Mystik tendieren dazu, die Energien und

Qualitäten ihrer niederen Chakras zu verleugnen. Ohne solides Fundament baut Ihr Euer Haus auf Sumpf, so daß es keine Chance zum Überleben hat. Es wird Euch in einem gefährlichen Schlummerzustand halten, in dem Ihr schläfriger und passiver seid als der durchschnittliche Massenmensch. Jedes Chakra muß zu seiner vollen Kraft gelangen, und dies wird zu einem stetigen und soliden Fortschritt in Eurer magischen Entwicklung führen. Ihr habt das Recht, vollen Nutzen aus diesen Energien zu ziehen. Nach und nach werden die Energien jedes Chakras angehoben, wenn Ihr das nächste erreicht. Ihr werdet zunehmend größeren inneren wie äußeren Freiheit erlangen, der es Euch erlaubt, auf jegliche äußere Hilfe verzichten zu können..

Dies wird klar gesagt in AL, III, 22: The other images group (*alle chakras*) around me to support me: let all be worshipped, for they shall cluster to exalt me. I am the visible object of worhip; the others are secret; for the Beast & his Bride are they: and the winners of Ordeal X.

Dies ist für die Gewinner der Prüfung X: AL, I, 22: Now, therefore I am known to ye by my name Nuit, and to him by a secret name (*AUM*) which I will give him when at last he knoweth me. Since I am Infinite Space, and the Infinite Stars thereof, do ye also thus Bind nothing! Let there be no difference made among you between any one thing & any other thing; for thereby there cometh hurt.

„Burn upon their brows" ist die Schließung des zweiten OVALs im sechsten oder Ajna-Chakra, dem Sitz des Willens, „Thelema". Dieses Chakra ist der Kanal zu Infinite Space und den Infinite Stars. IS + IS = 9+9 = 18, GIFU = X.

Ihr werdet den Symbolismus von all dem im Geflügelten Globus auf der Stele der Offenbarung entdecken: Die zwei Schlangen sind Ida and Pingala, der Globus oder die Sonnenscheibe repräsentiert das solare Feuer der Kundalini, und die Flügel sind das Vehikel oder das Khu für das Khabs.

ABK ist der praktische Schlüssel zu AL, II, 76 aber auch zum *Liber AL* überhaupt: 10+13+6 = 29/11 = Horus, der Falke.

A ist AR, die Rune des Adlers (*mein Vogel*), das höchste Symbol des Tieres 666 und der Sonne.

B ist BAR, die Rune von Thelema, 76/13, was auch die Zahl dieses Verses ist. Es ist die Wurzelrune oder Basis-Energie meines Namens und Vornamens, 139/13 (nicht mein Pseudonym).

K oder KA ist die Adlerfrau oder „Lady Bird", die Babalon symbolisiert. Die KA-Rune bedeutet „wissen", sie strahlt ein Licht auf das Verborgene (Wissen).

Der Vogel hatte, ohne mein bewußtes Wissen, eine Art ABK-Situation in mir invoziert. Ich verwendete das Runenpaar KA (Lady Bird) und AR (Vogelmann) für ein tieferes Verständnis der Beziehungen zwischen dem Vogelmann und mir. Nur wenige Tage später fiel mir ein, daß ich diese Runen-Kombination vor ein paar Jahren mit einer völlig anderen Intention benutzt hatte. Ich wollte meine Eingebungen und Fertigkeiten als Malerin erweitern, doch anstatt zu malen begann ich mit der Erläuterung des *Liber AL*.

4638

AL, II, 26: I am the secret Serpent coiled about to spring: in my coiling there is joy. If I lift up my head, I and my Nuit are one. If I droop down my head, and shoot forth venom, there is rapture of the earth, and I and the earth are one.

4 = der 4-blättrige Lotus, das erste Chakra, der Wohnsitz der Kundalini-Schlange: „If I droop down my head" bedeutet den abwärts gerichteten Fluß der Kundalini-Energie.

Die drei Hauptnervenstränge, Ida, Pingala und Sushumna, müssen eine Art Riegel erzeugen, der diesen abwärts gerichteten Energiefluß stoppt. Wenn die Kundalini-Schlange ihren Kopf erhebt, fließt ihre Energie aufwärts (durch Sushumna). Diese Energie kann Dein gesamtes Sein transformieren und beginnt ihre Reise zu den verschiedenen Chakras.

6 = der 6-blättrige Lotus, das zweite Chakra, der Wohznsitz des Stillen Selbst oder Hoor-Paar-Kraat. Sexualität ist eine der Hauptenergien dieses Chakras. Die Sexualenergie ist eine der mächtigsten Energien im menschlichen Wesen überhaupt. Sie kann Dich in den „Now"- (= Jetzt-) Moment (= NU) bringen, und sie kann für die innere Transformation Deines Seins verwendet werden.

3 = die 3 Hauptnervenstränge: Ida: Mond, weiblich
                                        Pingala: Sonne, männlich
                                          Sushumna: die neutrale Kraft

= das dritte Chakra, das Chakra von Horus. Seit 1904, dem Beginn des Horus-Zeitalters, wird der Energiefluß zu diesem Chakra in allen Menschen intensiviert.

8 = Die 8, welche durch den Energiefluß von Ida und Pingala gebildet wird. Die Acht besteht aus zwei Os oder OVALen. Das erste O enthält die Chakras unterhalb des Herzens, dem Zentrum der Harmonie: 1, 2 and 3. Das zweite O enthält die Chakras oberhalb des Herzens: 5 and 6 (*my word is fifty and six*).

AL, II, 15: I am eight and one in eight. One in 8 ist die Mitte der Acht oder das Herz-Chakra. Es ist der Sitz des Heiligen Schutzengels, des Goldenen Lichts = AL, II, 6: I am the flame that burns in every heart of man.

Wenn die Kundalini-Schlange dieses Level erreicht und das Goldene Licht im Herzen erweckt, ist das Werk des ersten OVALs oder 718 vollbracht. Dies erzeugt eine Öffnung zum zweiten OVAL, und die Arbeit von 418 kann beginnen.

ABRAHADABRA, das Große Werk, ABRA oder BAAR, die BAR-Rune, die zwei Brüste symbolisiert, HAD ist in der Mitte dieser Brüste, der Ort des Herz-Chakras!

ABK

Siehe auch ABK, der praktische Schlüssel zu AL, II, 76 und dem *Liber AL*.

Die Arbeit des zweiten OVALs oder 418 ist dem Biest und Babalon vorbehalten, mit der brennenden Flamme von Hadit in ihren Herzen. In seinem Herzen entdeckt ein Mann (Beast) seine Babalon und eine Frau (Babalon) ihr Biest, welche der innere Meister bzw. der Heilige Schutzengel sind. Die Vereinigung der beiden eröffnet den Weg zum zweiten O der Acht, den Weg zu 418, welcher in der ultimaten Vereinigung von männlichen und weiblichen Energien im sechsten Chakra endet, dem Sitz des Willens = Thelema = BAR = Do what thou wilt shall be the whole of the Law (AL, I, 40), die Krone der BAR-Rune.

ALGMOR

ALGMOR = GLAMOR (Am. E) oder glamour (dt.: Glanz)
  = GALM OR: GALM ist das niederländische Wort für Hall, Echo; OR ist Gold
GALM OR ist das Hallen des kosmischen Klanges AUM; wenn das Goldene Licht (Der Heilige Schutzengel) im geheimen Zentrum des Herz-Chakras erwacht ist, kann dieser Klang vernommen werden.

2 4 und 24

2+4 = 6, die KA-Rune = Vereinigung (= KA) von Hadit und Nuit im Herz-Chakra, das Biest und Babalon vereinigt.
  = die zwei O-Runen, AL, II, 29: For I am divided for love's sake, for the chance of union. 8, in zwei geteilt, Ida and Pingala, die Eins in Acht sind, das geheime Zentrum des vierten- oder Herz-Chakras. Die letztendliche Vereinigung von Ida und Pingala, die Verschmelzung von männlichen und weiblichen Energien im sechsten Chakra, ist die Gnostische- oder Mystische Hochzeit oder 666.
24 = AL (10+14), der Schlüssel des „The Book of the Law".

3 Y X

Y and X = ein Mann und eine Frau, Y und X gehören beide zur sechzehnten Rune YR oder EIHWAS (Aiwass).
3 = die drei Wurzeln des Lebensbaumes (= YR): Ida, Pingala, Sushumna.
YR repräsentiert das Unterbewußte, das schlummernde Potential in den zwei untersten Chakras, die Wohnorte der Kundalini-Schlange und des Stillen Selbstes.
3 Y X = 35, umgekert 53 = Aiwass, der Gesandte von Hoor-Paar-Kraat, dem Stillen Selbst, die Stimme aus dem Unterbewußten oder der Tiefe, das leise Flüstern unseres Inneren Gottes, Hoor-Paar-Kraat, und zu erinnern, wer wir sind. Aiwass ist derjenige, der das *Liber AL* diktierte.
89 umgekehrt 98 = Ankh-af-na-Khonsu, eine Inkarnation von Aleister Crowley und das vierfältige Wort, das die Geheimnisse von 418 und 718 enthält.

Dies ist das Gesetz der Starken.

4.8.1999 e.V.
Sonne in Löwe.
Mond im Stier.
Sirius erhöht.

DANKSAGUNGEN

Zunächst möchte ich Frau Johanna Bohmeier danken für die Möglichkeit, dieses Buch zu veröffentlichen. Auch vielen Dank an meinen Lektor Joe Asmodo, der seine Sache hervorragend gemacht hat.

Meine ganz besondere Dankbarkeit gilt Roland, meinem geliebten Lehrer und Freund. Ohne ihn wäre dieses Buch nie geschrieben worden.

Natürlich ist meinem Vogel-Mann und Aleister Crowley gar nicht genug zu danken. Nur meine innersten persönlichen Gefühle können auf dieses wunderbare Geschehen antworten, das so viel in meinem Leben verändert hat.

BIBLIOGRAFIE

Crowley, Aleister:
    The Book of the Law. Samuel Weiser, 1979
    Magick without Tears. Falcon Press, 1989
    777 and other Qabalistic Writings. Samuel Weiser, 1979
    Confessions of Aleister Crowley. Routledge & Kegan Paul, 1983
    The Law is for All. New Falcon Publications, 1991
    The Holy Books. Sangreal Foundation, 1972

Grant, Kenneth:
    Outer Gateways. Skoob Books, 1994

Johari, Harish:
    Chakras. Destiny Books, 1987

Slosman, Albert:
    De astrologie van het Oude Egypte. Mirananda, 1985

Suster, Gerald:
    Hitler: Black Magician. Skoob Books, 1996

Spiesberger, Karl:
    Runenmagie. Verlag Richard Schikowski, 1968.

Temple, K.G. Robert:
    The Sirius Mystery. Destiny Books, 1987

Thorsson, Edred:
    Rune Might. Llewellyn Publications, 1994

It`s magick-time!

www.magick-pur.de

Kostenlosen Gesamtkatalog anfordern

Bohmeier Verlag, Hüxtertorallee 37, D-23564 Lübeck, Fon: 0451-74993, Fax: 0451-74996

Weitere Bücher aus dem Bohmeier Verlag:

****

Erleuchtung

THE REAL IS ILLUSION - THE ILLUSION IS REAL

oder

Ausbruch aus der Matrix

von OWK

"Erleuchtung" was soll man darunter verstehen? Was ist "Satori", was "Samadhi"? Warum sprechen die einen vom "Hier und Jetzt", andere von "Zeitlosigkeit"? Was meint Buddha mit "Nirwana" und Jesus mit "Himmel"? Gibt es Gott, Himmel und Hölle, Engel und Teufel? Existieren andere Dimensionen?

Gibt es einen Weg oder sind wir längst am Ziel? Ist der Weg das Ziel oder ist der Weg das Hindernis? Gibt es Chi, die Kundalini, Prana, die Chakren wirklich? Ist alles "Reines Bewußtsein" oder "Reine Energie"? Oder ist das alles nur "Reiner Quatsch"?

Diese Fragen beschäftigen den Menschen nicht nur zu Beginn seiner spirituellen Suche, sondern sind ihm, mal als Ansporn, mal als Zweifel, ein zuverlässiger Begleiter auf seinem Pfad.

Der "Prozess" der Erleuchtung ist aber denkbar "einfach" und immer gleich. Erst lebt der Mensch in tiefer Hypnose, weiß nicht, was oder wem er hinterher jagt. Er erkennt langsam, dass er immer nur neue Ziele erschafft und nie zufrieden ist. Er sieht die Sinnlosigkeit dieses Strebens und in einer Art "Selbsterkenntnis" findet er den "Sucher" in sich. Er bricht aus dem "Alltagsleben" aus und geht auf die spirituelle Suche.

Er probiert verschiedene Lehren und Praktiken aus, entlarvt sie aber am Ende alle als ebenso sinnlose Unternehmungen, weil auch diese Suche ein Teil besagter Hypnose ist. Nach der totalen "Aufgabe" ist er dann jedoch reif für das Geschenk der Geschenke: die "Gotteserfahrung" fällt unerwartet vom Himmel.

Dass dies erst der Beginn von allem ist, das beschreibt der Autor in diesem Buch.

Selten ist es jemandem gelungen, so faszinierend, so eingängig und so nachvollziehbar über ein so kompliziertes und widersprüchliches Thema wie die Erleuchtung zu schreiben wie in diesem Werk. Der Weg zur und die Erfahrungen nach der Erleuchtung werden hier glaubwürdig aus verschiedensten Blickwinkeln beschrieben. Der Suchende erhält Rat und Ansporn sowie (augenzwinkernde) Ermahnungen, nicht den Illusionen und falschen Propheten auf den Leim zu gehen. Der Suchende wird viele beschriebene Phänomene (darunter auch Kundalini, Samadhi sowie verschiedenste magische - und Wahrnehmungsphänomene) nicht nur wiedererkennen, sondern - viel wichtiger - wesentlich besser in den Gesamtprozess der menschlichen Entwicklung einordnen können. Damit wird dieses Buch zu einem ganz wichtigen Begleiter für jede/n Suchende/n, ganz egal, welcher Lehre er/sie sich bisher verschrieben hat.

Hier erfahren Sie alles, was Sie schon immer über Erleuchtung wissen wollten! Dies ist eins der interessantesten und besten Bücher über Erleuchtung das uns je untergekommen ist: kein Geschwafel sondern ehrliche und zum Teil analytische Auseinandersetzung zu einem oft mystifizierten und verklärtem Thema. Zudem spannend und witzig, intelligent, humoristisch kommen all jene "Facts" auf den Tisch über die man sonst von selbsternannten Gurus nur wischi-waschi-Aussagen erhält. Aber lassen wir das Buch für sich selbst reden...

Auszug aus dem Inhaltsverzeichnis:

Erwachen und Erleuchtung ist nicht das Selbe - Was kostet "Erleuchtung", und ist "Erwachen" billiger? - Was ist Erleuchtung? - Der Moment der Erleuchtung - Nachsatz zu den "Fakts der Wahrheit" - Das Leben als kosmisches Theater - Die Evolution der Wahrheit - Relative Wahrheiten - Die Rückkehr in die Dualität - "Knowing comes", Weisheit statt Wissen - "Freiheit" heißt, die Suche ist vorbei - Der "Erleuchtungs-Schock", die Einsamkeit - Kann man auch anders "erleuchtet" werden? - Erleuchtung als "Prozess" - Erleuchtete verwirren sich gegenseitig - Leben als Erleuchteter - Erleuchtung, und dann? - Die Transformation - Die nackten Fakts der Transformation - Bin ich jetzt erleuchtet? - Der Vergleich mit "normalen Menschen" - "Der State des Erleuchteten" und dessen dramatisches Ende (das Sterben des Erleuchteten) - Die Falle des Nicht-Tuns - Mind, Ego und Emotionen eines Erleuchteten, "die absolute Definition eines erleuchteten Menschen" - Gefühle erzeugen keine Gedanken mehr - Gedanken erzeugen keine Gefühle mehr - Das Ego wird zum "Superego" - Smalltalk mit "Otto-Normal" - Die Angst vor Shiva - Kann jeder erleuchtet werden? - Der leere Spiegel - Der schwarze Spiegel - Der mystische Spiegel von "States" und das Drogenthema - Der "geheime State" der Nicht-Dualität - Der "unauthentische Erleuchtete" - Im Rausch der Energie - Die Magie des Erleuchteten - Funktionsweise von "Wundern" - Liebe und Bliss: Was Du vorne gibst, kommt hinten zurück. - Wenn sich zwei Erleuchtete treffen (oder: "Blissed Out" im Hier und Jetzt) - Haben sie gar Sex? - "Monogam, polygam, oder überhaupt keine Beziehung?" - Unterschiede zwischen den Erleuchteten - Unterschiedliche Wege - Warum nicht jeder darüber spricht - Warum wir es doch sagen... - Kann man Erleuchtete erkennen? - Der "neue Erleuchtete", kein Guru-Gehabe mehr - Erwachen - Die "psychologische Erleuchtung" - Das Experience des "Erwachens" - Ein "Erleuchteter" kann weiterschlafen - Freundschaften werden oft zerstört - Aufwachen aus Maya und Erleuchtung von Leela - Gegenüberstellung "Erwacht" und "Erleuchtet" - Verwandte spirituelle Erfahrungen - Was ist ein "State" - The Void, das Nichts, die Leere, Soonyata - Satori - Sammadhi, Meditation - Die Todeserfahrung, Karma, Reinkarnation - Erleuchtung im Spiegel von Himmel, Hölle, Fegefeuer - Die inkarnierende, individuelle Seele - Das Tao, Yin und Yang - "teuflisch gute" Kundalini Erfahrung - Was geschieht wirklich? oder: Die Tantrische Sicht... - Der Sound "OM" - Tabelle "erleuchteter Zustände" - Sammadhi - Satori - Bewusst-Sein - Energieerfahrung - Void, Soonyata, Bedingungslose Liebe - Chakra-Erweckungen (1. "Geschäft ist Geschäft" - 2. "Lebe Deine Lust" - 3. "Tu, was Du WIRKLICH willst" - Tu, was Du WIRKLICH willst, und hab Freude am Leben - 4. "Liebe ist alles was ist" - 5. "Sei, wie Du WIRKLICH bist" - 6. Das dritte Auge blickt in spirituelle Welten - 7. Gottvereinigung in Sahasrara) - Gegenüberstellung der "Botschaften" solcherart "Erleuchteter"- Botschaft, Message, "Arbeit" - Money - Sei, wie Du WIRKLICH bist - Erleuchtung aus neurologischer Sicht - Entkoppelung von Spiritualität Erweckung schlafender Gehirnanteile - Neue Aufgabenzuordnung im Gehirn (Chakren sind im Gehirn) - Integration erleuchteter Gehirnanteile - Gott als Psychologe - Was ist das "EGO" - Was ist der "MIND" - Gedankenleere ist nicht "NoMind" - Der "konstruierte Mind" - Der nachahmende, trickreiche Mind - Der Geschlechterkampf der Egos - "Ich will geliebt werden" - Der U-Bahn-Test der Konditionierungen - "Wahrheit", die Welt aus spiritueller Sicht Existenz und Nicht-Existenz - Nichts ist wahr... - ...Und alles ist wahr - "Gott und Existenz"... - Und sie spielen miteinander ...oder: Energie und Bewusstsein. - Dualität und Nichtdualität - Mond und Sonnenbewusstsein - Beispiel in Form von deutscher und englischer Konditionierung - Trennung von Licht- und Schallwellen - Die kosmische Superdatenbank - Die Dreifaltigkeit Gottes - Links- und Rechtshirn im erleuchteten Zustand - Zeitphänomene, andere Dimensionen - Das "Hier und Jetzt" (Yang) - Fliessen auf der Zeitlinie (Yin) - Die gestreckte Zeit der Ewigkeit - Andere Zeitgeschwindigkeiten, Dimensionen oder: "Besuch auf Gottes Planeten" - Meditationen - Umgang mit Emotionen, Angst - "Stell Dir vor, Du stirbst" - Stell Dir vor, Du bist schon Tod - Schwimmen im Ozean, Glückseligkeit - Erweiterte Seh-Wahrnehmung - Erweiterte Hör-Wahrnehmung - Gedankenstille - Umkehrung des Denkzwangs - Menschliche Evolution der Befreiungsprozess in Kurzform

ISBN 3-89094-337-3, ca. 270 Seiten, Din A5

****

OUIJA
- Kontakt zu den Geistern -
Nerthus von Norderney

Das Ouija-Board ist eine amerikanische Erfindung, die durch Filme wie "Witchboard 1-3" auch in Europa immer mehr Freunde findet. Allerdings sollte man, um Schaden zu vermeiden nicht gänzlich unvorbereitet an dieses magische Instrument herangehen.

Dieses Buch gibt Ihnen Aufschluss darüber, wie Sie gefahrlos Kontakt zu Geistern Verstorbener aufnehmen können.

Mit einem Ouija-Board haben Sie endlich die Möglichkeit, sich ohne großen Aufwand mit Geistern zu unterhalten, sich Lebensrat oder Inspiration von ihnen zu holen. Dieser Ratgeber gibt Ihnen viele nützliche Tipps zu diesem Thema.

Aus dem Inhalt - Regeln, Fragen, Erfahrungen, Verlauf einer Séance und wie Sie sich mit ganz einfachen Mitteln selbst ein Ouija Board herstellen können:

Geschichte des Ouija-Boards - Was ist ein Ouija-Board? - Die goldenen Regeln - Vorbereitung für eine Séance – Verlauf - Anrufung - Spritistische Seánce Anrufung - Gibt es Geister? - Fragen an das Ouija-Board - Chancen und Risiken - Fragen und Antworten – Halloween -

Anleitung zum Herstellen eines Ouija-Boards – Aufbewahrung - Ouija Alternativen – Erfahrungen - Ouija on TV - Kuriositäten rund ums Ouija-Board und vieles mehr...

ISBN 3-89094-333-0, Din A-5, 48 Seiten

Grundkurs Humanoide Methaphysik
Die Wahrheit über die Aktion 23
von Bratislav Metulevskie

Ziel dieses Buches ist die umfassende Information des Lesers über Grundbegriffe der empirischen Metaphysik sowie der neuesten Bewusstseinskonzepte und deren praktischer Anwendung in Hinblick auf die vorherrschenden antiquierten Realitätsprinzipien.

Der Autor weist an dieser Stelle energisch darauf hin, dass der Konsum bewusstseinserweiternder Substanzen wie Marihuana, Psilocybin und LSD in der Bundesrepublik Deutschland verboten ist, die praktische Anwendung der Informationen dieses Buches allein in der Verantwortung des Lesers liegt und der Autor nicht für eventuell daraus resultierende Folgeschäden haftbar gemacht werden kann. Die Handlung dieses Buches ist rein fiktiv. Übereinstimmungen mit lebenden Personen sind rein zufällig und nicht gewollt.

Diese Einschränkungen gelten nur für Bewohner des Planeten Erde!

Dieses Buch ist jetzt schon ein Klassiker - und kann als Erweiterung zur legendären Prinzipia Diskordia angesehen werden!

ISBN 3-89094-332-2, Din A-5, ca. 100 Seiten

****

Geheimtechnologien
Von Nanomaschinen, über Quantencomputer, bis zur interstellaren Raumfahrt von morgen
von Dr. Carlos Calvet

Der Titel dieses Buches "Geheimtechnologien" ist nicht wahllos gewählt: In diesem Buch werden Technologien beschrieben, die uns (der breiten Masse) weitgehend unbekannt sind und die etwa im Verlauf der Geschichte verloren gegangen sind, und die wir uns heutzutage gar nicht mehr vorstellen können.

In diesem Buch erlangt der Begriff "geheim" zusätzlich eine weitere Bedeutung. Nämlich die, derjenigen Technologien bzw. Projekte, die (bisher) noch nicht populär geworden sind, weil sie von den Wissenschaftlern im allgemeinen so kompliziert oder unverständlich beschrieben werden, dass ein "Normalsterblicher" keinen Zugang dazu erhält. Der Sinn dieses Buches - abgesehen vom reinen Unterhaltungswert - ist es daher, jene Sichtweisen futuristischer Technologien bekannt zu geben, die einer breiten Öffentlichkeit ansonsten verborgen bleiben würden. Es handelt sich dabei um das Aufgreifen verschiedener Technologien, die in einer nicht allzu fernen Zukunft (man schätzt diese im allgemeinen auf das Jahr 2025) bereits populär sein sollen, weil die Grundlagen dazu eben gerade jetzt insgeheim erörtert werden. Dabei spielen die Kommentare, die Ihnen der Autor auf den Weg mitgibt, eine entscheidende Rolle, um zu begreifen, welche fabelhaften Möglichkeiten wir in der Zukunft haben werden. Ob wir sie zu nutzen wissen, ist natürlich eine andere Frage, die den Rahmen dieser Lektüre bei weitem übertreffen würde...

Dieses Buch beinhaltet in diesem Sinn Technologien, die sich auf völlig neue Überlegungen beziehen. Die Leserinnen und Leser dieses Buches werden auf völlig neuartige Ideen anerkannter und weniger bekannter (eben "geheimer") Wissenschaftler stoßen, und dabei wird sich ihnen eine Vision der Zukunft offenbaren, die völlig verblüffend und überwältigend ist.

Aus dem Inhalt: Nanotechnologie, Quantenmaschinen, Smarte Materialien, Interstellare Raumfahrt, Kalte Fusion?, Wetterkontrolle

ISBN 3-89094-330-6, ca. 120 Seiten, Din A-5

www.ingramcontent.com/pod-product-compliance
Lightning Source LLC
Chambersburg PA
CBHW080252170426
43192CB00014BA/2648